Bodo G. Toelstede

Aus Wünschen Ziele machen

HERDER spektrum

Band 5384

Das Buch

Ein lange und mit Hingabe verfolgtes Ziel zu erreichen, ist etwas Wunderbares. Doch viele Wünsche – wer wüsste es nicht selbst – bleiben unterwegs stecken, und „warten auf den Weihnachtsmann“. Erst wenn Menschen aus ihren – auch geheimsten – Wünschen Ziele machen, werden sie handlungsfähig. Erst dann sind sie in der Lage, ihr Schicksal, ihre Lebensplanung zielstrebig in die Hand zu nehmen. Wer nur darauf loslebt, läuft Gefahr, irgendwo hinzukommen, wohin er gar nicht will. Wichtig ist zunächst eins: sich sorgfältig über seine Wünsche klar zu werden. Dann gilt es, diese in konkrete, situationsbezogene Ziele zu verdichten und die dann kreativ und zielstrebig, Schritt für Schritt, zu erreichen. Gerade in der heutigen Zeit ist mehr denn je Kreativität gefragt, die logischen Schritten folgt. Toelstede zeigt, wie es geht – ganz konkret und lebenspraktisch. Eine Anleitung zu erfülltem Leben.

Der Autor

Bodo G. Toelstede, Jg. 1941, war 20 Jahre im deutschsprachigen Raum freiberuflich als Kommunikations-, Verkaufs- und Führungstrainer in Wirtschaft und Verwaltung tätig.

Er hat inzwischen zehn Fachbücher zu den Themen Werbung, Verkauf, Verhandeln, Kommunikation und Umgang mit Stress veröffentlicht. Er lebt mit seiner Frau seit 1997 im Ruhestand in Südafrika.

Bodo G. Toelstede

Aus Wünschen Ziele machen

Wie ich erreiche, was ich mir vornehme

HERDER

FREIBURG · BASEL · WIEN

Gedruckt auf umweltfreundlichem,
chlorfrei gebleichtem Papier

Originalausgabe

www.herder.de
Satz: Dtp-Satzservice Peter Huber, Freiburg
Herstellung: fgb · freiburger graphische betriebe 2003
www.fgb.de
Umschlaggestaltung und Konzeption:
R·M·E München / Roland Eschlbeck, Liana Tuchel
Umschlagmotiv: © The Image Bank
ISBN 3-451-05384-5

Inhalt

Danke

Danken möchte ich vor allem den Mitgliedern der Großmann-Gilde in Stuttgart und Bremen, die mir stets durch konstruktives Feedback geholfen haben, meine ‚Zielpläne' richtig und erfolgversprechender zu formulieren. Des weiteren danke ich den vielen Seminarteilnehmern, die mir von ihren Erfahrungen und späteren Erfolgen berichteten.

Ich danke meiner Frau Gudrun, die mir noch heute den Raum gibt, damit ich mich weiterhin entfalten kann.

Ich danke meiner Mutter für Ihre Anteilnahme an meinem Leben.

Liebe Leserin! Lieber Leser!

Die deutsche Sprache ist eine der reichhaltigsten Sprachen der Welt. Sie legt uns aber Beschränkungen auf, sobald wir versuchen, Damen und Herren gleichzeitig anzusprechen. Die männliche Form im Singular und Plural bezieht sich auf beide Geschlechter. Ich habe darauf verzichtet, jedesmal beide, Damen und Herren, ausdrücklich anzusprechen. Danke für Ihr Verständnis.

Unsere unbewussten Lebenspläne

Werde, der du wirklich bist

Ich beginne mit einem Märchen, das ich in dem Buch: „Lernziele und Unterricht“ fand. Dieses Märchen bringt mein Thema „Wie man aus Wünschen Ziele macht“ genau auf den Punkt. Ich könnte es nicht besser ausdrücken als Robert F. Mager:

„Es war einmal ein Seepferdchen, das eines Tages, als es ausgewachsen war, seine sieben Taler nahm und das Elternhaus verließ, um sein Glück zu suchen. Es war noch gar nicht weit gekommen, da traf es einen Aal, der zu ihm sagte: ‚Psst! Hallo Kumpel! Wo willst du hin?‘ – ‚Ich? Ich bin unterwegs, mein Glück zu suchen.‘ – ‚Da hast du's ja gut getroffen‘, sagte der Aal, ‚Für vier Taler kannst du diese schnelle Flosse haben, damit kannst du viel schneller vorwärts kommen.‘ – ‚Ei, das ist ja prima‘, sprach das Seepferdchen, bezahlte seine vier Taler, hielt sich an der Flosse des Aales fest und schwamm mit doppelter- und dreifacher Geschwindigkeit von dannen. ‚So‘, sprach der Aal, ‚wir sind am Ziel‘. Das Seepferdchen verabschiedete und bedankte sich und schwamm allein weiter. Nach einiger Zeit kam das Seepferdchen an einem Schwamm vorbei, und der Schwamm sprach: ‚Psst! Hallo Kumpel! Wo willst du hin?‘ – ‚Ich bin unterwegs, mein Glück zu suchen.‘ – ‚Da hast du's gut getroffen‘, sagte der Schwamm. ‚Für ein kleines Trinkgeld überlasse ich dir dieses Boot mit Düsenantrieb. Damit könntest du viel schneller reisen.‘ Da kaufte das Seepferdchen das Boot von seinem letzten Geld und sauste mit fünffacher Geschwindigkeit durch das Meer. Bald traf es einen Hai, der zu ihm sagte: ‚Psst! Hallo Kumpel! Wo willst du hin?‘ – ‚Ich bin unterwegs, mein Glück zu suchen‘ sagte das Seepferdchen. ‚Da hast du's gut getroffen. Wenn du diese kleine Abkürzung machen willst‘, sagte der Haifisch und zeigte auf seinen geöffneten Rachen, ‚sparst du dir eine Menge Zeit.‘ ‚Ei, vielen Dank', sagte das Seepferdchen und sauste in das Innere des Haifischmaules, um dort verschlungen zu werden."

Und die Moral von der Geschicht: Wer nicht weiß, wohin er will, landet leicht dort, wohin er gar nicht will. Oder: Wer sein Leben nicht plant, wird von anderen verplant.

Warum soll man sein Leben planen?

In diesem Buch geht es um die Persönlichkeitsentwicklung, den Lebenserfolg, die Wunscherfüllung und die Wohlstandsbildung. Eines ist vom anderen abhängig und baut logisch auf dem vorherigen auf. Wer seine Persönlichkeit entwickelt, wird im Leben Erfolg haben. Wer Erfolg hat, kann sich seine Wünsche erfüllen und seinen Wohlstand bilden. Doch das geht nicht ohne Plan. Schon Goethe sagte: „Ein wohl ausgedachter Plan, wenn er ausgeführt dasteht, lässt alles vergessen, was die Mittel, um zu diesem Zweck zu gelangen, Unbequemes mögen gehabt haben."

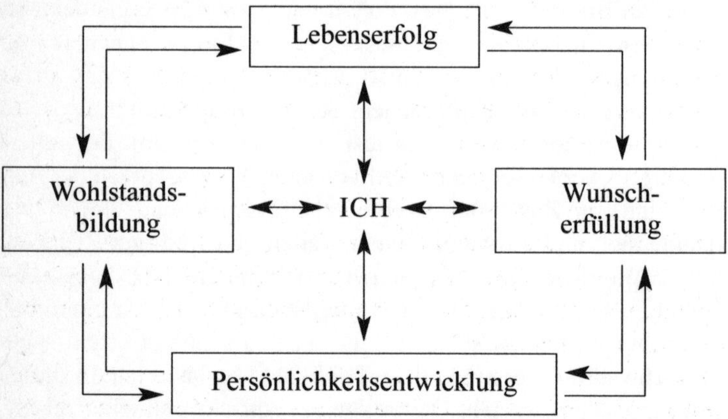

Wer seinen Urlaub plant, verbringt damit vielleicht einige Stunden oder Tage oder sogar Wochen, je nachdem, um welches Urlaubsziel es sich handelt. Und wieviel Zeit wendet man auf, um sein eigenes, persönliches Leben zu planen? Ich frage Sie, lieber Leser: Wieviel Zeit haben Sie bis heute aufgewendet, um Ihr eigenes Leben zu planen?

Viele Menschen haben zum Wort *planen* eine geteilte Einstellung oder sogar ablehnende Haltung. Gerade diejenigen, die gar nichts planen, schreien am lautesten: „Was soll ich denn sonst noch alles planen?“ Dabei bedeutet planen nichts anderes, als seine Gedanken schriftlich festzuhalten. Warum ist das wichtig? Jeder Gedanke und jede Idee sind einmalig und kommen niemals in der gleichen Form wieder. Wenn man diese dann nicht festhält, gehen sie schlichtweg verloren. Jeder weiß es: Unser Gehirn leistet Hervorragendes, um kreativ zu sein und Miserables, um etwas zu behalten. Deshalb lege ich Ihnen dringend ans Herz, dass Sie sich für das Festhalten von Ideen oder Gedanken und für das Beantworten der Fragen in diesem Buch ein Arbeitsheft anlegen. Danach beginnen Sie, sich selbst schrittweise besser zu organisieren und zu rationalisieren.

Mangelndes Selbstvertrauen

Ich möchte nicht viele Worte machen. Haben Sie Lust auf ein Experiment? Wenn ja, dann sagen Sie einem guten Freund oder Ihrem Vater: „Ich schmeiße meinen Job hin. Ich mache mich selbständig und werde Schausteller auf einem Rummelplatz.“ Wie wird die Antwort lauten?

Die wenigsten werden sagen: „Das ist eine gute Idee. Mach das!“ oder werden nachfragen: „Hast du dir das auch gut überlegt?“ Die meisten Antworten werden so oder ähnlich klingen: „Was? Du spinnst ja! Du bist ja verrückt.“ Oder: „Typisch, mein Sohn! Du hast sie ja nicht mehr alle! Wozu habe ich dir eigentlich das Studium finanziert?!“

Worin liegen die Ursachen? Die meisten Menschen leiden unter mangelndem Selbstbewusstsein und Selbstvertrauen. Sie glauben eher an die ihnen seit langem bekannten und auch immer wieder bestätigten negativen Botschaften als an etwas Gutes, etwas Neues, etwas Fruchtbares oder Außergewöhnliches. Hinzu kommt: Alles, was für einen Menschen neu ist, macht ihm zuerst einmal Angst. Deswegen stößt das Neue – auch eine neue Idee – zunächst auf Ablehnung. Doch über diese Erfahrungen bildet der Mensch seine Persönlichkeit. Machen Sie sich also auf den Weg.

Zum besseren und leichterem Verständnis erst einmal ein kleiner Einblick in die Psychologie.

Ich erinnere mich an viele meiner Seminarteilnehmer, die von sich glaubten, ein „Taugenichts“ oder ein „Nichtsnutz“ zu sein. Andere waren davon überzeugt, dass sie nur dann eine Lebensberechtigung haben, wenn sie für andere Menschen da sind. Andere glaubten, nur wenn sie eine 150%ige Leistung bringen würden, dürften sie Lob und Anerkennung erhalten und da es eine 150%ige Leistung nicht geben kann, erhielten sie weder das eine noch das andere. Wünsche wurden so immer wieder zu Seifenblasen. Derartige falsche Einstellungen zu sich selbst machen einem das Leben – völlig unnötig – verdammt schwer. Eine Veränderung ist notwendig und möglich, indem man positiver über sich denkt und sein Leben vernünftiger und besser plant. Statt zu glauben, man sei ein „Taugenichts“ sagt man sich besser: „Ich tauge etwas. Ich bin ein wertvoller Mensch.“ Statt: „Nichtsnutz“ besser positiv: „Ich biete Nutzen, und ich ernte Nutzen. Ich bin ein liebenswerter Mensch.“ Statt: „Nur für andere da zu sein“ redet man sich besser zu: „Ich lebe. Ich bin verantwortlich für mich. Ich bin auch für andere da. Ich entscheide selbst über mich, nicht die anderen. Ich bin ich.“ Statt völlig unrealistisch „150%ig“ zu sein, besser realistisch: „Ich bin mit mir sehr zufrieden, wenn meine Arbeit zu 98% korrekt ist.“

Doch leider erlebte ich es immer wieder: Die meisten Menschen sabotieren sich selbst, denn es ist seltsamerweise viel leichter, über Misserfolge zu klagen als sich über Erfolge zu freuen. Es ist nämlich für die meisten unter uns wesentlich einfacher, sich von anderen bedauern zu lassen, als von anderen Lob und Anerkennung anzunehmen.

Was fällt dem Menschen leichter?

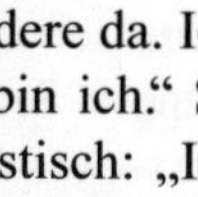

Sich über Erfolge zu freuen?
Lob und Anerkennung anzunehmen?

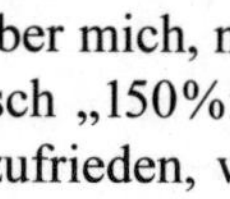

Über Misserfolge zu klagen?
Sich bedauern zu lassen?

Das Leben selbst gestalten

Jeder Mensch kann sein Leben zielstrebig planen. Wer damit beginnt, wird die ersten Erfolge bald verbuchen können, denn ein konkreter Lebensplan bedeutet, seinen inneren „kleinen Professor“ zu aktivieren, um eigene Lebensmaßstäbe aufzubauen, unabhängiger und selbstsicherer zu sein. Andererseits: Wer nicht so genau weiß, was er will, wird sich von anderen beeinflussen und manipulieren lassen und: Er unterliegt den ständigen Verführungen seiner Umwelt.

Das Ergebnis der Negativspirale: negatives Denken, destruktives Handeln, schlechte Kommunikation, Misserfolg, Misswirtschaft, Schulden, Stress, Sorgen am Arbeitsplatz verbunden mit Arbeitsplatzverlust, ja eventuell sogar mit dem Verlust geliebter Menschen.

Jeder Mensch trägt die Verantwortung für sein Leben. Jeder ist zuerst einmal für sich selbst verantwortlich. Und wenn jeder auf dieser Welt selbstverantwortlich für sich sorgen würde, dann wäre für alle Menschen auf dieser Welt gesorgt. Doch statt für sich selbst zu sorgen und Verantwortung zu übernehmen, sucht der Mensch gewohnheitsgemäß, ohne sich darüber aktiv Gedanken zu machen, zuerst mal nach einem Schuldigen, damit er seine eigene Unzulänglichkeit auf den anderen oder die anderen ablenken und abwälzen kann. „Die Politiker haben schuld, denn sonst könnte ich ...“, „Mein Vater hat schuld, denn sonst wäre ich heute ...“, „Die Unternehmer ...“, „Die Funktionäre ...“, „Das ist alles nur passiert, weil ...“, „Die hat schuld, denn ...“. Hauptsache: Ich habe keine Schuld. Im Grunde genommen ist das Suchen nach Schuldigen sinnlos. Wir brauchen keine Schuldigen, sondern ein Umfeld, in dem das Leben Freude macht. Wir brauchen keine Schuldigen, sondern selbstverantwortlich denkende und handelnde Menschen. Im Leben geht es weder um Schuld noch um Unschuld, im Leben geht es um die Lebenszeit, die Zeit, die wir zum Leben haben, und die sollten wir uns doch so angenehm und positiv wie möglich gestalten.

Negativ-Spirale

Negatives Denken
↓
Destruktives Handeln
↓
Schlechte Kommunikation
↓
Misserfolge
↓
Misswirtschaft
↓
Schulden
↓
Sorgen
↓
Verlusterlebnisse
↙ ↘
Arbeitsplatz Geliebte Menschen
↘ ↙
Burn out

Jeder Mensch ist einmalig

Das beweisen schon seine Fingerabdrücke. Jeder Mensch ist auf seine Art etwas Außergewöhnliches. Jeder hat ganz besondere Gaben. Jeder kann sein Leben gestalten. Aber erstens muss es ihm bewusst sein und zweitens muss er wissen, wie man das macht. Dabei will dieses Buch hilfreich sein. Für die Leser, die glauben, der Mensch müsse sein Leben gottergeben so hinnehmen, wie es ist, für diejenigen ist das Buch an dieser Stelle beendet.

Sie, lieber Leser, werden sich auf eine interessante Reise begeben, hier und da vielleicht Karussell fahren oder sich auf einem

Diejenigen, die daran interessiert sind, zu wissen, wie man …
… an Selbstbewusstsein, Selbstsicherheit und Selbstvertrauen gewinnt,
… seine Persönlichkeit entwickelt,
… die richtige Berufswahl trifft,
… die Karriereleiter (steil) nach oben aufsteigt,
… sich seine Träume und Wünsche erfüllt,
… materielle und immaterielle (ideelle) Ziele erreicht,
… die richtigen Maßnahmen ergreift, um Erfolg an Erfolg zu reihen,
… sich eine sinnvolle Lebenszeit aufbaut und
… innerlich und äußerlich wohlhabend und reich wird, finden in diesem Buch genügend Anregungen mit dem Ziel, so zu werden, *wie*, *wer* und *was* sie wirklich sein möchten.

stillen See einfach treiben lassen. Treten Sie diese Reise verantwortungsbewusst an. Das Ziel dieser Reise ist Ihr Gewinn, Ihr Lebenserfolg. Genug der Worte. Jetzt geht es los!

Nehmen Sie nun Ihr Arbeitsheft

Notieren Sie sich zuerst das heutige Datum, und beantworten Sie sich so ausführlich wie möglich die erste Frage: „Was mag ich an mir?“ Schreiben Sie bitte nicht nur das eine Wort „Alles!“, denn das wäre gelogen. Nehmen Sie sich dafür mindestens fünfzehn Minuten Zeit. Erst nachdem Sie diese Frage ausführlich beantwortet haben, lesen Sie in diesem Buch weiter. Dabei spielt es keine Rolle, ob das Blatt nach fünfzehn Minuten leer ist oder mit vielen Gewinn bringenden Eigenschaften oder positiven Verhaltensweisen beschrieben ist.

Die Ursachen einer destruktiven Lebenseinstellung

Lange vor der Geburt freuen sich die Eltern auf ihr Kindes und sobald es das Licht der Welt erblickt hat, beschäftigen die meisten Eltern zwei Fragen: Erstens: „Was ist es, ein Junge oder ein

Mädchen?“ und zweitens: „Ist es gesund?“ Dieser neue Erdenbürger wird so, wie er ist, von seinen Eltern und allen anderen Bezugspersonen angenommen. Alle freuen sich über ihn, über seine Existenz, über sein Dasein. Sie begrüßen ihn freudig. Das Neugeborene seinerseits darf nun alles tun, so wie es ihm beliebt, und alles wird von den Eltern großzügig geduldet: Tag und Nacht schreien, nörgeln, quaken, meckern, knöttern und fordern; nach der Nahrungsaufnahme rülpsen, ja, es wird dazu sogar aufgefordert, und alle Beteiligten freuen sich, wenn es endlich gerülpst hat. In der Umgangssprache heißt es ja auch nicht „rülpsen“ sondern verniedlicht: „ein Bäuerchen machen“; es darf in die Hose machen, groß und klein, wie es ihm beliebt.

Alles, was der Säugling tut, ist erst einmal in Ordnung, denn er ist ja nach der Geburt völlig hilflos und auf die Pflege seiner Eltern angewiesen. Er selbst tut alles, um zu überleben und passt sich den jeweiligen Situationen in seinem Umfeld so an, wie er es bereits in diesem Alter für notwendig erachtet. Er selbst entscheidet schon zu dieser Zeit über sein Denken, Fühlen und Verhalten. Doch das tut er nicht erst jetzt, er hat es schon viel früher getan, denn schon kurz nach der Zeugung entwickeln sich im Mutterleib die Sinnesorgane. Recht früh hört das Menschlein bereits im Mutterleib die Herztöne. Sind sie ruhig und gelassen oder unruhig und aufgeregt? Es hört die verschiedenen Geräusche von außen, das Sprechen der anderen. Sind die Töne liebe- und vertrauensvoll oder laut, heftig, angsterzeugend? So hört es auch Musik, die außerhalb seines geschützten Bereiches gespielt wird, und spätestens im siebenten Monat wird es sich nach dem Rhythmus der Musik im Mutterleib bewegen. Dabei macht es einen Unterschied, ob es leise, ruhige Barockmusik oder Hardrock hört, es wird sich unterschiedlich bewegen. Das spürt jede liebevolle Mutter. Während dieser fast neunmonatigen Zeit prägt sich also das Denken und Fühlen des werdenden Menschen: „Bin ich wohl auf dieser Welt erwünscht?“ (Zweifel) oder: „Die wollen mich gar nicht.“ (Ablehnung) oder: „Die freuen sich auf mich. Ich bin willkommen.“ (Freude) Der Mensch kommuniziert also schon vor seiner Geburt, und er macht sich über seine Existenz, über sein Dasein in dieser neuen Welt seine Gedanken.

Das Gehirn eines Menschen entwickelt sich bereits im Mutterleib und – verglichen mit dem Körper – sogar überdurchschnittlich schnell. Während der ersten drei Monate nach der Geburt teilen sich die Zellen des Gehirns, sie verknüpfen und verdrahten sich dreidimensional. In dieser ersten Zeit nach der Geburt beeinflusst vor allem die Außenwelt die Entwicklung des Gehirns. Je nachdem, was der neue Erdenbürger riecht, schmeckt, fühlt, sieht oder hört, wachsen und verknüpfen sich seine Gehirnzellen. Nimmt ein Mensch während dieser Zeit besonders viel über sein Ohr wahr, so verknüpfen sich die Gehirnzellen besonders stark im Hörzentrum; nimmt er besonders viele Dinge mit seinen Augen wahr, so verknüpfen sich die Gehirnzellen besonders stark im Sehzentrum. In diesen ersten drei Monaten nach der Geburt entscheidet sich auch, wie der Mensch später einmal denkt, fühlt und handelt – und vor allem, wie er später einmal lernen und sein Leben planen und gestalten wird. Sind die Verknüpfungen besonders stark im Sehzentrum, so wird dieser Mensch ein „visueller" Lerntyp werden, d. h. er lernt besonders leicht durch die Wahrnehmung mit seinen Augen, indem er den Lerntext liest, sich ein Bild macht und dieses in seinem Gehirn abspeichert. Diese komplett gespeicherten Bilder kann er sich später bei Bedarf wieder aufrufen und anschauen. Sind die Verknüpfungen besonders stark im Hörzentrum, so wird dieser Mensch ein „auditiver" Lerntyp werden, d. h.: er lernt besonders leicht, wenn er sich das zu Lernende immer wieder anhört. Hat der Mensch in den ersten drei Monaten nach der Geburt besonders viel über das Riechen, Schmecken und Fühlen wahrgenommen, so verknüpfen sich die Gehirnzellen dementsprechend, und so wird dieser Mensch eher ein „kinästhetischer" Lerntyp werden, d. h. er wird mehr über sein Tun, Machen, Erleben lernen und erarbeiten als durch Lesen oder Hören. Er muss im wahrsten Sinne des Wortes die Dinge be-greifen, er muss handeln.

Bereits drei Monate nach der Geburt eines Menschen erreicht das Gehirn 50 %, am Ende des ersten Lebensjahres erreicht es 70 %, am Ende des dritten Lebensjahres erreicht es sogar schon 80 % des endgültigen Gesamtvolumens. Die ersten drei Monate nach der Geburt sind also dafür entscheidend, wo sich die Zellen besonders intensiv verknüpfen, im visuellen, auditiven oder kinästhetischen Zentrum. Alle anderen Gehirn-Verzweigungen bauen sich dann später auf den bereits vorhandenen Verknüpfungen der Gehirnzellen auf. Jeder Mensch verfügt über alle drei Lernkanäle, doch einer von ihnen ist jeweils mehr oder weniger stark oder auch am stärksten ausgeprägt, und dieser beeinflusst in starkem Maße die Lernart, die die Voraussetzung der Lernfähigkeit und -willigkeit bildet. Lernt ein Kind später gegen seine Natürlichkeit, so wird es Lernprobleme haben und nicht die Schulleistungen bringen können, die man von ihm erwartet. Das ständige Fordern der Eltern, bessere Schulleistungen zu bringen, überfordert das Kind schließlich, und es wird resignieren, irgendwann einfach aufgeben. Jeder Mensch hat aber später, sobald er das Elternhaus verlassen hat, sobald er auf eigenen Beinen steht, in seiner eigenen Umgebung lebt, die Chance und auch die Möglichkeit, sich so zu entwickeln, wie er sich das vorstellt und wünscht. Die Grundlagen dafür sind ja vorhanden, er braucht nur auf sich zu hören, auf seine Bedürfnisse, Wünsche, Gedanken, Gefühle. Denn: Wieso sollte er gegen sich arbeiten, wenn er erkennt und weiß, wie er am leichtesten lernen und arbeiten kann? Überdenken Sie nun kurz: Welcher Lerntyp mag ich wohl sein, ein visueller, auditiver oder kinästhetischer? Lerne und behalte ich, wenn ich etwas sehe oder wenn ich etwas höre oder wenn ich etwas höre und sehe oder wenn ich etwas selbst mache?

Notieren Sie die Antwort in Ihrem *Arbeitsheft*, damit Sie es später noch einmal überprüfen können.

Lernen auf der Daseinsebene

Bis ungefähr zum ersten Lebensjahr nimmt das Kind die Gefühle nur auf der Daseinsebene wahr. Es fühlt und spürt: „Es ist in Ordnung, dass ich da bin." Oder: „Ich bin hier nicht erwünscht"; „Ich bin wichtig"; oder: „Ich bin unwichtig"; oder sogar: „Verschwinde, mach' bloß, dass du weg kommst! Du Saukerl!" Leider gehen nicht alle Eltern mit ihrem Säugling liebevoll um. Das beweisen erschreckende Zahlen, denn allein in Deutschland werden jährlich mehr als tausend Babys, die jünger als ein Jahr alt sind, von ihren Eltern ermordet, was durch gerichtsmedizinische Untersuchungen nachgewiesen wurde. Aber auch ein verbaler oder nonverbaler Angriff auf die Daseinsebene, auf die Existenz des Menschen, hinterlässt tiefe Spuren im Gefühlsleben des jungen Menschen.

Lernen auf der Verhaltensebene

Am Ende des ersten Lebensjahres spürt der Mensch mehr und mehr, dass er ein eigenständiges Lebewesen ist. Er erlebt, wie er sich selbst bewegen, wie er alleine stehen und gehen kann. Doch jetzt beginnt bei dem kleinen Erdenbürger die Zeit fataler neuer Erlebnisse. Vieles, was ihm vorher gestattet war, was er vorher durfte, worüber die Großen lachten, ist plötzlich verboten. Sein Verhalten wird nun durch seine Bezugspersonen konfrontiert. Er darf nicht mehr schreien, wie und wann er will; er darf nicht mehr in die Hose machen; er darf nicht mehr rülpsen; er darf seine Gefühle nicht mehr so zeigen, wie es einmal war. Die individuellen Wertevorstellungen der Erwachsenenwelt fangen langsam an zu greifen. Das ist auch nicht grundsätzlich falsch. Natürlich darf ein kleines Kind nicht nur machen, was es will. Im Gegenteil, je klarer die Grenzen von den Eltern gesteckt sind, je konsequenter die Eltern mit dem Kind umgehen, desto besser entwickelt sich das Kind. „Grenzen setzen" und „konsequent sein" gibt auch und gerade dem kleinen Menschen Sicherheit und Geborgenheit, Vertrauen und das Gefühl des Verstandenwerdens.

Doch leider unterscheiden die meisten Menschen in der Kommunikation miteinander nicht zwischen der Daseins- und der Verhaltensebene, weder in der Hierarchie von Vater oder Mutter zu Tochter oder Sohn, noch als Erwachsene untereinander. Aussagen wie: „Lass" das!", „Nimm' die Finger da weg!" oder: „Verdammt noch mal, du spinnst wohl!" verunsichern den Empfänger solcher Aussagen. Was ist gemeint? Geht es gegen sein Dasein oder gegen sein Verhalten? Wie soll er das auffassen, was ihm da gesagt wurde, vor allem dann, wenn laut und heftig gesprochen wurde?

Die nonverbale Kommunikation der Bezugspersonen entscheidet in erster Linie darüber, wie der Empfänger einer Botschaft diese für sich verarbeitet und in welche „Schublade der Vorwürfe“ er sie ablegen wird.

Für die folgenden *„negativen Lebensbotschaften“* gibt es jeweils eine Schublade:

Mangelndes Selbstvertrauen, fehlende Selbstsicherheit, schlechtes Selbstbewusstsein, übertriebene und eingebildete Ängste sind eindeutig auf diese frühen Kindheitserlebnisse zurückzuführen, die letztendlich auch Ursachen vieler Krankheiten sind.

Die vier grundlegenden Lebenseinstellungen

Der Mensch schreibt seine Lebenseinstellung bereits im Alter von achtzehn bis vierundzwanzig Monaten und fixiert sie bis zum siebten Lebensjahr endgültig. Es gibt vier verschiedene grundlegende Lebenseinstellungen. Je nach Situation erlebt der Mensch die eine oder andere dieser vier Einstellungen unterschiedlich intensiv. Eine Grundeinstellung überwiegt jedoch meistens stark. Sie zeigt sich vor allem in Krisensituationen deutlich. Hat sich ein Kleinkind einmal für eine Grundeinstellung entschieden, so hält es gern daran fest. Dieses Buch soll jedem helfen zu erkennen, wo er selbst steht. Jeder wird dadurch angeregt, über sich nachzudenken, insbesondere darüber, ob sein Verhalten heute und im Allgemeinen sinnvoll und auch angemessen ist. Jeder Erwachsene kann dann entscheiden, ob er sein Denken, Fühlen und Verhalten ändern will oder nicht (siehe auch das Kapitel Veränderungsprozess).

Die erste Lebenseinstellung:
„Ich bin in Ordnung und du bist auch in Ordnung. Ich mag mich und ich mag dich, so, wie du bist."

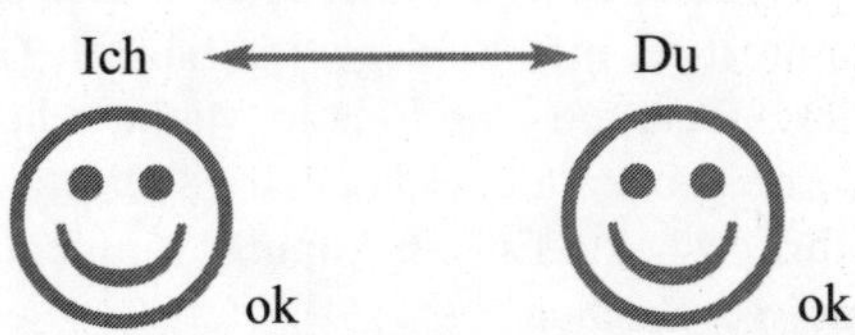

Menschen, die so über sich und andere denken und fühlen, haben eine gesunde Lebenseinstellung, entwickeln dadurch ihre Persönlickeit vorbildlich und werden ihr Leben in ihrer Art meistern. Sie sind die sogenannten „Gewinner", sie bringen hervorragende Schulleistungen und kommen beruflich schnell vorwärts, genießen ihren Lebenserfolg, Ihre Wunscherfüllung und Bildung von Wohlstand.

Die folgenden drei Lebenseinstellungen jedoch behindern die Bildung von Persönlichkeit und Wohlstand, Lebenserfolg und Wunscherfüllung.

Die zweite Lebenseinstellung:

„Mit mir ist alles in Ordnung, aber mit dir und mit den anderen stimmt etwas nicht."

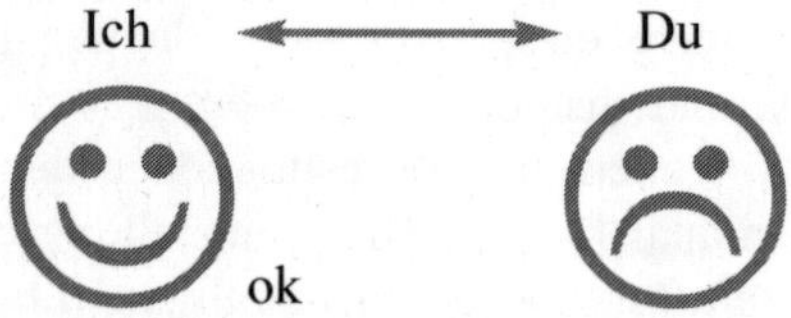

Wer als Erwachsener so fühlt und denkt, hörte als Kind beispielsweise ständig folgende Ermahnungen: „Beherrsche dich!", „Sei 100%ig!", „Reiß dich bloß zusammen!", „Zeig' bloß keine Schwäche!", „Sei der Beste!", „Beiß' die Zähne zusammen!", „Sei ein Mann!", „Du musst besser sein als die anderen!", „Was, du willst ein Junge sein?", „Heulsuse!", „Wenn du weiterhin heulst, kriegst du noch eine!", „Ein Indianer kennt keinen Schmerz!", „Kopf hoch!", „Das kannst du besser" und Ähnliche, oder an Bedingungen geknüpft: „Wenn du jetzt aufhörst zu weinen, dann bekommst du ein Stück Schokolade." Das bedeutet andererseits: Heulst du weiter, bekommst du nichts oder wirst bestraft (Klaps oder gar Schläge) oder: „Wenn du eine Eins in Mathe schreibst, dann bekommst du eine ganze Tafel Schokolade." Das bedeutet andererseits: Schreibst du keine Eins, bekommst du nichts, nicht einmal ein Stückchen Schokolade.

Dazu passen die Sprichwörter bzw. Redensarten: „Was du tust, das tue recht!", „Starke Männer braucht das Land", „Ohne Fleiß kein Preis", „Ein Mann ein Wort", „Was mich nicht umbringt, macht mich stärker" (Nietzsche), „Hart wie Kruppstahl!", „Erst die Arbeit, dann das Vergnügen".

Charakteristika
Menschen, die diesen inneren Botschaften gehorchen, strahlen wenig Wärme aus. Ihre Empfindungen nehmen sie schlecht oder gar nicht wahr und verleugnen sie auch oft vor sich selbst und anderen. Sie versuchen, sich hinter einer Maske (Fassade) zu verbergen oder zu verstecken, weil andere nie erfahren sollen, dass sie schwach sind. Gefühle wahrzunehmen und zu zeigen wird von ihnen als Schwäche empfunden und auch bei anderen so etikettiert. Sie gelten im Allgemeinen als scheu, unsensibel, (über)gehemmt, angespannt bis verhärtet. Sie neigen zur Passivität, das bedeutet: Sie ziehen sich zurück und meiden oft den Kontakt zu anderen Menschen oder sie werden aggressiv, sie rebellieren kräftig. Ihren Ärger nehmen sie nicht sofort wahr. Dafür sammeln sie (unbewusst) für jeden Ärger eine Rabattmarke. Wenn das Rabattmarkenbuch voll ist, „platzt ihnen der Kragen", dann brüllen sie ihre Wut oft unkontrolliert heraus. Mit diesen inneren Forderungen verlangen diese Menschen von sich Perfektion, Fehlerlosigkeit sowie Höchstleistung in allen Dingen, beruflich wie privat. Über kleine Fehler bei sich und anderen können sie sich leicht erregen und ereifern. Der Drang zur persönlichen Perfektion lässt sie eigene Arbeiten immer wieder verbessern, neu gestalten und noch einmal verbessern. Mitmenschen in ihrer privaten und beruflichen Umgebung leiden oft sehr unter diesem Verhalten. Die realen Erwartungen einer guten Arbeit werden – aus Angst vor Ablehnung oder Bestrafung – stets „über"-erfüllt. Oft verwenden diese Menschen komplizierte Redewendungen, sagen mehr als nötig und befleißigen sich großer Ausführlichkeit. Meistens werden die geäußerten Meinungen auch noch gerechtfertigt, damit die anderen auch wirklich alles verstehen. Immer wieder kommt es vor, dass sie kein Gesprächsende finden.

Sie arbeiten gewissenhaft, eifrig und (über)pflichtbewusst. Hinter dem Streben nach Macht stecken oft tief sitzende Minderwertigkeitsgefühle, die die anderen (Mitarbeiter) nicht entdecken dürfen. Sie gelten im Allgemeinen als angespannt, übersensibel, neidisch und auch eifersüchtig. Sie neigen zur zwanghaften Aktivität und arbeiten (über)gewissenhaft, (über)pflichtbewusst. Sie verplempern oft viel Zeit für Nebensächliches, arbeiten zu viel und viel zu lange, Arbeitswut, Nikotin-, Drogen, Tabletten- und Alkoholmissbrauch sind oft die Folge. Ein Burn out ist nicht auszuschließen.

Die Körperbewegung oder -haltung wirkt auf andere eher steif bis überkorrekt, ist oft kerzengerade und sorgfältig ausbalanciert (anerzogen); sie werden oft als zugeknöpft bezeichnet. Das Gesicht ist starr, bewegungs- und ausdruckslos, der Mund oft verspannt; Arme und Beine sind oft krampfhaft verschränkt. Der Blick geht häufig nach oben oder nach hinten oder rechts (die Suche nach der richtigen Antwort).

Sie denken über sich und sprechen es auch laut aus: „Mein ganzes Leben habe ich hart gearbeitet. Mir ging es oft gut, doch ich musste dafür bezahlen. Nach einem Erfolg kommt sowieso der Rückschlag“, oder aber: „Ich habe Erfolg, doch die anderen erkennen das nicht und wollen mich ruinieren. Ich fühle mich ausgenutzt und wieder einmal betrogen.“

Die dritte Lebenseinstellung:
„Mit mir stimmt etwas nicht. Du bist besser als ich und die anderen sind auch besser als ich.“

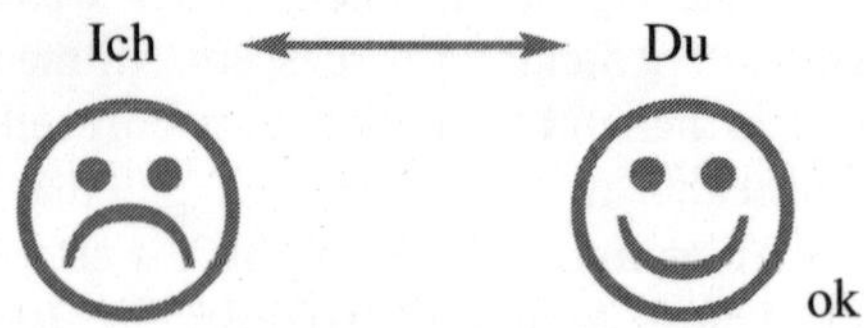

Als Kind hörte dieser Mensch ganz besonders oft folgende Ermahnungen: „Sei nett“, „Sei brav“, „Benimm dich!“, „Tue es (wenigstens) mir zuliebe“, „Verhalte dich so, wie ich es von dir erwarte“, „Denk’ an deine (arme) Mutter“, „Nimm Rücksicht (auf Vater, auf die Nachbarn, auf mich)“, „Was sagen die Leute dazu?“, „Tu’s mir zum Gefallen.“

Oder an Bedingungen geknüpft: „Wenn du brav bist, dann bekommst du auch eine Belohnung.“ Das bedeutet andererseits: Bist du ungezogen, bekommst du nichts oder sogar eine Strafe, wie Schläge. Dabei beurteilt die Bezugsperson, was brav und was ungezogen ist. Die Wertmaßstäbe für das Kind sind also von der Vorstellungswelt des Erwachsenen bereits fix und fertig vorgegeben.

Die dazu passenden Sprichwörter/Redensarten: „Allen Menschen recht getan, ist eine Kunst, die niemand kann", „Bescheidenheit ist eine Zier", „Der Gescheitere gibt nach".

Charakteristika

Wenn sich eine Person mit diesen Ermahnungen unter Druck setzt, denkt sie stets zuerst an die anderen, jedoch nicht selbstlos, sondern zweckgebunden. Denn: Sie will es den anderen recht machen, mit dem Ziel, dadurch mehr Lob und Anerkennung zu erhalten.

Es ist ihr äußerst wichtig, bei *allen* beliebt zu sein. Und: Sie möchte häufig die Erwartungen *aller* Menschen erfüllen, um von *allen* auch geschätzt zu werden. Dabei vergisst diese Person, dass das unmöglich ist. Kein Mensch kann die Erwartungen eines und schon gar nicht *aller* anderen Menschen erfüllen.

Dieser Mensch denkt, fühlt und handelt daher in einer Überanpassung, was ihm immer wieder neue psychische und physische Schwierigkeiten bringt, da er sich dabei für andere aufopfert. Er ist am Ende davon überzeugt, viel gegeben, doch wenig zurückbekommen zu haben. Er fühlt sich oft ausgebrannt, leer, verlassen und allein gelassen, enttäuscht. (Er hat zu lernen, in einem ausgewogenen, gesunden Verhältnis auch an seine eigenen Bedürfnisse und Wünsche, an sich selbst zu denken, Verantwortung für sich selbst zu übernehmen.)

Diese Personen gelten allgemein als unreif, abhängig, (über) sensibel, scheu, zurückhaltend; eitel und auch als verantwortungslos. Obwohl sie meistens, wenn sie berufstätig sind, in einem sozialen Beruf arbeiten, neigen sie zu hinterhältigem, anti-sozialem Verhalten. Dadurch geraten sie immer wieder in Konflikte mit den Menschen in ihrer Umgebung und in der Gesellschaft. Ihre Frustrations-Toleranz ist gering. Sie können andere, vor allem im privaten Bereich, tyrannisieren, erpressen, demoralisieren.

Die Körperbewegung und -haltung signalisiert dem anderen, ihm zugeneigt zu sein. Deswegen neigt sich der Mensch mit seinem Oberkörper häufig dem Gesprächspartner zu. Er nickt beim Zuhören auffallend oft mit dem Kopf. Er schaut eher von unten nach oben und zeigt dabei waagerechte Falten auf der Stirn. Und: Sein Mund ist ständig zum Lächeln bereit. Depression ist häufig eine Folge, denn er denkt über sich und spricht es sogar laut aus: „Wie sehr ich mich auch anstrenge, ich schaffe es niemals, dass mich jemand wirklich lieb hat“ oder: „Ich strenge mich immer an, um gute Kontakte zu gewinnen, doch die Leute wenden sich immer wieder von mir ab. Immer wieder bin ich allein“ oder: „Warum nur werde ich immer wieder abgewiesen? Gerade, wenn ich denke, ich gefalle jemandem, lässt er/sie mich im Stich. Ich werde immer wieder verlassen. Ich wünschte, ich wäre tot“.

Die vierte Lebenseinstellung:

„Mit mir stimmt etwas nicht, mit dir und den anderen stimmt aber auch etwas nicht!“

Ein Mensch mit dieser Lebenseinstellung hörte als Kind besonders häufig folgende Ermahnungen: „Gib dir wenigstens Mühe!“, „Streng dich gefälligst an!“, „Versuch’s doch mal“, „So einfach geht das nicht“, „Mach’s doch mal so“, „Nun geh in dein Zimmer und lern“. Oder an Bedingungen geknüpft: „Wenn du dir morgen bei der Arbeit Mühe gibst, bekommst du auch was Süßes“. Das bedeutet andererseits: „Gibst du dir keine Mühe, bekommst du nichts oder wirst sogar bestraft, weil du dir keine Mühe gegeben hast“.

Doch was bedeutet „sich Mühe geben“? Und wie kann man „sich Mühe geben“ kontrollieren? Das Kind kann sich anstrengen, wie es will, es wird im Sinne der Mutter/des Vaters nicht in Ordnung sein. Als Bestrafung denken die Eltern, das Kind müsse abgewiesen und in sein Zimmer geschickt werden, damit es endlich lernt oder „sich wenigstens Mühe“ gibt. Die Eltern handeln so, weil sie selbst dem Kind weder beim Lernen (Schularbeiten machen) helfen können noch mit ihm spielen möchten. Entweder sind die Bezugspersonen unfähig zu helfen (beherrschen die Materie nicht) oder sie sind einfach zu bequem oder zu faul oder sie kennen auch nichts anderes aus ihrer eigenen Kindheit.

Auf der anderen Seite hörte das Kind folgende Ermahnungen: „Sieh' zu, dass du fertig wirst!", „Nun mach' schon!", „Voran!", „Na, wird's bald?", „Nun komm' endlich!", „Beeil dich mal!", „Wie lange soll ich denn noch auf dich warten?!", „Immer muss ich auf dich warten, nie bist du pünktlich". Oder an Bedingungen geknüpft: „Wenn du dich beeilst, dann gehen wir auch in den Zirkus". Das bedeutet andererseits: Beeilst du dich nicht, gehen wir als Strafe nicht in den Zirkus.

Die passenden Sprichwörter/Redensarten: „Was du heute kannst besorgen, das verschiebe nicht auf morgen", „Morgenstund hat Gold im Mund", „Morgen, morgen, nur nicht heute, sagen alle faulen Leute", „Was man nicht im Kopf hat, muss man in den Beinen haben", „Vor den Erfolg haben die Götter den Schweiß gesetzt", „Es ist alles gar nicht so einfach, wie es aussieht", „Unbekümmertheit ist Leichtsinn!", „Im Schweiße deines Angesichtes sollst du dein Brot essen" (1. Moses 3,19).

Charakteristika

Sich Mühe geben ist bei dieser Einstellung wichtiger als das Ergebnis. Menschen, die sich so verhalten, wirken sehr beflissen, emsig und angepasst strebsam (damit sie nicht negativ auffallen). Werden verschiedene Möglichkeiten zur Lösung angeboten, wählen sie sich den schwierigeren Weg. Es fällt ihnen im Laufe ihres Lebens immer schwerer, eigenständig Lösungen zu finden. Am Arbeitsplatz sind sie meist stark auf die Hilfe der anderen oder auf ganz genaue An- und Unterweisungen angewiesen, damit sie exakt wissen, was sie wie zu machen haben. Kreativität und Spontaneität, Lernfähigkeit und Eigeninitiative, Lebendigkeit und Experimentierfreude bleiben leider oft im Verborgenen und lassen deshalb zu wünschen übrig.

Andererseits sind sie ständig auf Trab. Sie hetzen und jagen und sind oft voller Unruhe. Diese Unruhe zeigt sich auch in Zukunftsängsten. *Alles* (was ist „alles“?) ist schnell zu erledigen. Immer wieder rücken sie unruhig mit dem Stuhl oder klopfen mit den Fingern auf den Tisch. Oft wollen sie zwei oder drei Dinge zur gleichen Zeit erledigen. Sie können anderen auch schlecht zuhören. Sie meinen, schon im Voraus zu wissen, was der andere sagen will. Es fällt ihnen auch schwer, andere aussprechen zu lassen. Sie unterbrechen oder reden gern dazwischen. Sie gelten im Allgemeinen als unreif, instabil, eitel, scheu, gehemmt und selbstbezogen, leicht erregbar, übersensibel bis dramatisch. Sie neigen zur Hysterie, das bedeutet, sie ziehen sich oft zurück, meiden den Kontakt mit anderen Menschen und zeigen eine instabile Erregbarkeit, die dramatisch und überagierend auf andere wirkt.

Die Sprechweise ist natürlich sehr schnell, oft abgehackt, Worte werden verschluckt oder sogar durcheinander gebracht. „*Wir* müssen uns beeilen“, „Komm’, geh’n *wir*.“ (Wer ist mit *wir* gemeint?). Andererseits ist die Sprechweise verspannt, die Stimme klingt gequält oder belegt. Man spürt förmlich die Anstrengung.

Der Gesamteindruck der Körperbewegung und -haltung ist einerseits unruhig und nervös, andererseits steif, verkniffen, verbissen und über der Nase sind senkrechte Falten zu sehen. Der Sprecher ballt öfter seine Hände zu Fäusten, oder er hält die Hand ans Ohr, um besser hören zu können.

Sie denken oder sprechen es oft aus: „Manchmal ist mir alles zuviel, ich kann mir die Zeit nicht einteilen, halte keine Ordnung. Ich werde niemals in der Lage sein, mein Leben zu meistern, so sehr ich mich auch beeile oder anstrenge. Es ist ein Jammer.“

Kinder lernen durch Nachahmen

Die Sprache, das Verhalten und selbstverständlich auch Erfolgsstrategien lernen Kinder, indem sie Vater und Mutter genau beobachten. Durch das ständige Wiederholen der Bezugspersonen lernen sie bestimmte Verhaltensweisen, Redensarten, Gefühlsäußerungen usw. So lernt das Kind, seine eigene Lebenseinstellung zu schreiben und zu manifestieren. Fatal daran ist, dass das Kind zu dieser Zeit keinen Filter hat, der überprüfen kann, ob das Verhalten der einen oder anderen Bezugsperson in seinem Interesse ist oder nicht, ob es zu seiner Eigenart passt oder nicht. Denn: Bis ungefähr zum 7./8. Lebensjahr ist der Mensch unfähig, erstens die Realität zu erkennen, zweitens Fakten zu überprüfen und drittens die Folgen seines Verhaltens zu bedenken. Die meisten Menschen übernehmen also *ungeprüft* Vorgemachtes, ohne dabei zu wissen, ob dies gut für sie ist oder schlecht, richtig oder falsch, fördernd oder hemmend. Das sind unumstößliche Tatsachen.

Veränderung ist möglich

Es ist gut zu wissen, dass ein Erwachsener, sobald er das Elternhaus verlassen hat, sein Leben in seinem Sinne ändern kann, wenn er dazu bereit ist und wenn er es will? Er kann es ohne weiteres alleine schaffen oder aber auch mit Hilfe eines Transaktionsanalytikers. Veränderungsprozesse sind körperlich spür- und erlebbar.

Die Voraussetzung, einen Veränderungsprozess bei sich selbst einzuleiten, ist die Bereitschaft, Altes bei sich loszulassen und Neues für sich zuzulassen. Denn: Ich kann mich selbst ändern, wenn ich es will. Das bedeutet jedoch auch: Ich kann den anderen nicht ändern. Ich kann ihn zwar beeinflussen, doch ändern kann er sich nur selbst und wiederum nur dann, wenn er dazu bereit ist.

Der Ablauf einer Veränderung verläuft in sechs Stufen:

Stufe 1:

Der Mensch reagiert auf eine neue Information oder Situation zuerst einmal mit einer gefühlsmäßigen Abwehr. Er spürt Angst, Verwirrung, und je nach Bedeutung der neuen Information reagiert er sogar mit einem Schock (Beispiel: „Ihre Tochter ist vor einer Stunde tödlich verunglückt.")

Stufe 2:

Der Mensch nimmt die neue Situation wahr und reagiert spontan passiv mit …

… Flucht, d. h. er zieht sich zurück, er will alleine sein.

... Kampf, d.h. er rebelliert, schreit, brüllt, tobt usw. Er will nicht wahrhaben, was passiert ist.
... oder aktiv mit einer dritten Alternative.

Stufe 3:

Nach einer gewissen Zeit interessiert sich der Mensch für die Tatsachen, er fragt nach, er denkt nach, und er versucht nachzuvollziehen und zu verstehen, was tatsächlich passiert ist, wie die Zusammenhänge waren.

Stufe 4:

Nun beginnt bei ihm der Verarbeitungsprozess, der zur Akzeptanz des Geschehenen führen kann. Er versucht, er experimentiert, um mit dieser neuen Situation fertig zu werden. Führt der erste Versuch nicht zum Erfolg, so beginnt der Prozess wieder in der Stufe 1, dem alten Ist-Zustand.

Stufe 5:

Gelingt der erste Versuch, dann ist die Wahrnehmung aufbauend und hoffnungsvoll. Weitere Versuche werden folgen.

Stufe 6:

Der Mensch akzeptiert die neue Situation. Er programmiert seine Erkenntnis und gewinnt immer mehr an innerer Ruhe, Sicherheit und Vertrauen. Aus dem anfänglichen „nein“ der Abwehr wurde ein bekennendes „ja“. Der Veränderungsprozess ist erfolgreich abgeschlossen.

Diese Stufen der Veränderung sind bei allen Vorkommnissen gleich. Jeder Mensch durchläuft sie bewusst oder unbewusst. Dabei ist es vollkommen egal, ob es sich um einen neuen Lernstoff handelt, ob sich eine neue Situation am Arbeitsplatz ergibt, eine neue Zeiteinteilung im Leben zu organisieren ist, eine neue Familiensituation entstanden ist oder ob er einen geliebten Menschen verloren hat. Je nachdem, wie intensiv das Verlusterlebnis für den einzelnen Menschen ist, desto unterschiedlich schnell durchläuft er die Stufen der Veränderung; das kann sogar viele Jahre dauern. Zwei Beispiele mögen die Schritte der Veränderung verdeutlichen.

Beispiel 1: Der Verlust des Arbeitsplatzes

Werner, 48 Jahre alt, wird gekündigt, obwohl er sich sehr stark für das Unternehmen eingesetzt hat und das Unternehmen ihn immer sehr geschätzt hat.

Stufe 1:
Abwehr: „Nein! Das kann nicht sein. Ich doch nicht!"

Stufe 2:
Flucht: „Ich warte, bis sie mich wieder holen. Das war alles nur ein Versehen. Sie werden sich entschuldigen, und ich werde nicht nachtragend sein. Dann gehe ich zurück."

Stufe 3:
Interesse: Werner zeigte kein Interesse an irgendwelchen Veränderungen. Er bleibt in der Stufe zwei hängen und wird depressiv. Nach fast zwei Jahren schließlich nimmt er fremde Hilfe in Anspruch.

Stufe 4:
Verarbeitung: Werner hat mit Hilfe eines Transaktionsanalytikers (Psychotherapeuten) den Verlust seines Arbeitsplatzes verarbeitet.

Stufe 5:
Experiment: Werner hat mit fremder Hilfe verschiedene neue Dinge ausprobiert. Der gesamte Prozess hat fast drei Jahre gedauert.

Stufe 6:
Programmierung: Mittlerweise hat er wieder Freude am Leben, hat einen neuen Arbeitsplatz gefunden. Es geht ihm den Umständen entsprechend gut.

Beispiel 2: Das schlechte Zeugnis

Heinz bringt ein schlechtes Zeugnis nach Hause. Vor allem die schlechen Noten in „Verhalten" und „Mitarbeit" erschrecken die Mutter ganz besonders.

Stufe 1:

Abwehr: „Das kann nicht sein! Mein lieber Heinz! Nein, niemals!"

Stufe 2:

Rebellion: „Dem Fräulein werde ich es aber zeigen. Die ist wohl wahnsinnig geworden, meinem Heinz so eine reinzuwürgen."

Stufe 3:

Interesse: Im Gespräch mit der Lehrerin: „Wie kommen Sie eigentlich dazu, Heinz so schlechte Noten zu geben?"

Stufe 4:

Verarbeitung: Mutter hört die Argumente und denkt: „Das kann doch nicht sein." Die Argumente der Lehrerin häufen sich und sie empfiehlt: „Sprechen Sie doch mal mit ihrem Sohn Heinz." „Das werde ich auch tun. Darauf können Sie sich verlassen", antwortete die Mutter.

Stufe 5:

Experiment: „Heinz, von deiner Lehrerin habe ich gehört, dass du … Was ist denn da dran?" Heinz offen und frei: „Ja, so ist das. Die fünf habe ich verdient." „Ja, und was willst du jetzt machen?"… usw. Durch den Dialog mit Heinz wird die Mutter verstehen und die Stufe 6 erreichen.

Stufe 6:

Programmierung: Die Mutter denkt: „Gut, Heinz hat Mist gebaut. Er steht dazu. Ich war ja auch mal jung und habe auch Mist gebaut. Ich werde in Zukunft mehr mit Heinz sprechen und mich mehr um Heinz kümmern. Ich werde sein Verhalten genauer beobachten. Die Vergangenheit ist unabänderlich. Ich werde jetzt im Umgang mit Heinz aktiver werden."

Jeder Mensch hat den Wunsch nach einem zuverlässigen Bild von der Wirklichkeit, der Wahrheit und nach handfesten Beweisen. Er möchte wirklich wissen, woran er ist. Deswegen sind Veränderungsprozesse für den Menschen von besonderer Wichtigkeit.

Veränderungsprozess

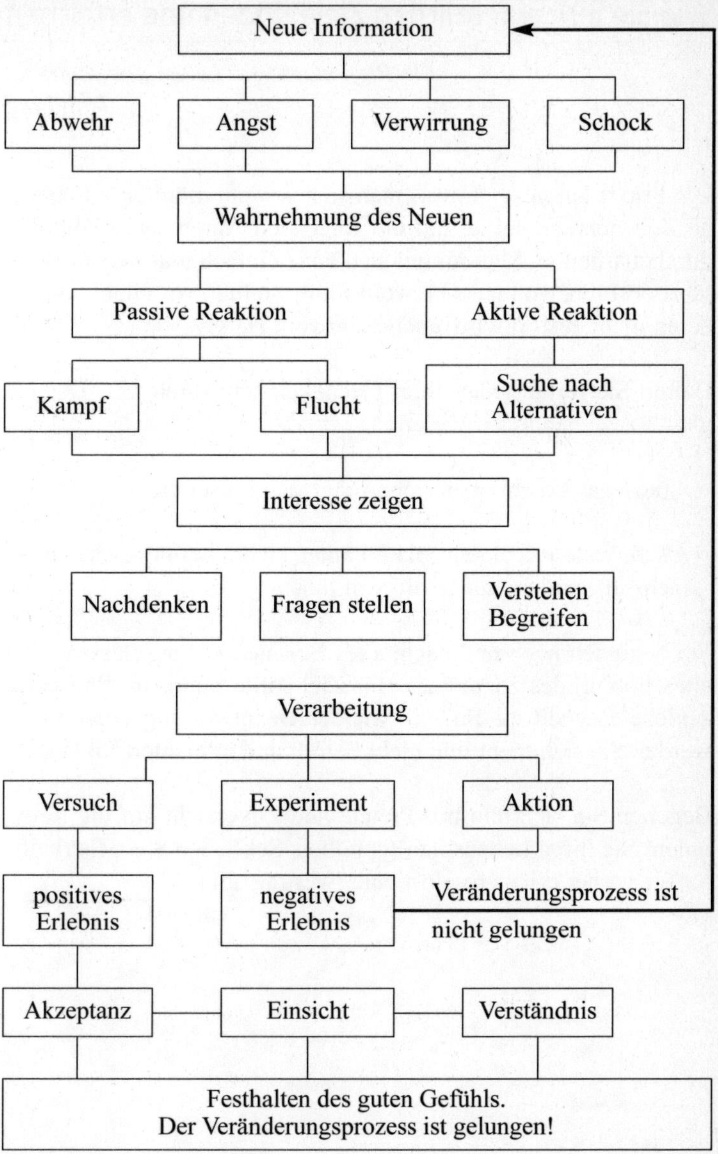

Lebensplanung:
Wie Sie Ihre eigentlichen Ziele finden und erreichen

Ein Plan macht ein Leben unterhaltend.
Jean Paul

Die Praxis hat gezeigt, dass man sich – wenn möglich – fünf Tage Zeit nehmen sollte, um die folgenden Anregungen komplett durchzuarbeiten. Man nimmt sich ganz einfach mal Zeit für sich, fährt dort hin, wo man sich wohl fühlt, wo man vor allem von anderen nicht gestört wird, auch nicht vom Handy.

Halten Sie fortan jeden Ihrer Gedanken schriftlich fest. Das hat gleich zwei handfeste Vorteile:

- Alles, was geschrieben steht, prägt sich besser ein.

- Alles, was auf einem Blatt Papier steht, befindet sich nicht mehr in, sondern außerhalb von Ihnen.

Sie beginnen nach und nach, altes Belastendes loszulassen, aber altes Förderndes zuzulassen. Ihr Ziel sollte nun sein, Ihre grenzenlose Freiheit zu finden. Mit der Beantwortung jeder Frage werden Sie sich mehr und mehr befreit und erleichtert fühlen.

Begeben Sie sich nun mit Freude und Zuversicht auf die Reise, indem Sie Ihren Lebensplan schreiben. Schließen Sie sicherheitshalber vorher mit sich selbst einen Vertrag ab:

VERTRAG

A Ich arbeite dieses Buch systematisch bis zum Schluss durch.

B Ich weiß, worauf ich mich einlasse. Ich will es! Ich schaffe es!

C Ich werde mein Arbeitsheft und einen Bleistift oder ein Diktiergerät ständig bei mir tragen, um jede Idee, jeden Gedanken festzuhalten.

D Alles, was ich tue, mache ich nur für mich. Meine Aufzeichnungen gehen niemanden etwas an. Ich konzentriere mich auf mich. Ich bin mir wichtig.

Ort: ....

Datum: ....

Unterschrift: ....

Hinweise:

Bei der Beantwortung der nun folgenden Fragen sollten Sie sich nicht zwingen, etwas schreiben zu müssen. Sie *müssen* gar nichts tun. Sie *möchten* doch etwas für sich tun, oder? Sagen Sie sich immer wieder, bevor sie beginnen: „Ich bin gespannt, was mir jetzt/heute wieder alles einfällt." Nehmen Sie sich Zeit, um über Ihr bisheriges Leben nachzudenken. Beantworten Sie nacheinander jede Frage in Ihrem Arbeitsheft schriftlich. Schreiben Sie nur mit dem Bleistift, denn dann können Sie das Geschriebene durchstreichen oder wegradieren. Vergessen Sie bitte niemals, das Datum dazu zu schreiben, denn es wird für Sie später wichtig sein, zu wissen, was Sie wann aufgeschrieben haben. Sagen Sie möglichst niemandem, was Sie vorhaben. Meine Erfahrungen zeigen, dass Außenstehende Angst vor den Menschen bekommen, die sich so oder ähnlich äußern: „So, jetzt werde ich mein Leben analysieren und es dann so gestalten und planen, wie ich es für mich richtig finde." Ich denke, Vorsicht ist geboten. Außerdem wissen Sie ja noch nicht, was am Ende dabei heraus kommt. Wie denken Sie darüber? Und nun geht es schon los.

Haben Sie sich ein Arbeitsheft, einen Bleistift und einen Radiergummi bereitgelegt?

Lebensanalyse „Was war?"

Leben wird vorwärts gelebt und rückwärts verstanden.
Sören Kierkegaard

Sie beginnen mit einem systematischen Blick in Ihre Vergangenheit (V 1, V 2 …). Unser gesamtes Leben verläuft in Perioden von 7 Jahren. Jede Periode hat ihre eigene Vitalität, Bedeutung und Dynamik.

Erste Periode:	Geburt bis 7. Lebensjahr
Zweite Periode:	7. bis 14. Lebensjahr
Dritte Periode:	14. bis 21. Lebensjahr
Vierte Periode:	21. bis 28. Lebensjahr
Fünfte Periode:	28. bis 35. Lebensjahr
Sechste Periode:	35. bis 42. Lebensjahr
Siebte Periode:	42. bis 49. Lebensjahr
Achte Periode:	49. bis 56. Lebensjahr
Neunte Periode:	56. bis 63. Lebensjahr
Zehnte Periode:	63. bis 70. Lebensjahr
Elfte Periode:	70. bis 77. Lebensjahr

In welcher Lebensperiode leben Sie jetzt?

Ich lebe jetzt in der ____________ Lebensperiode.

V 1. Lebenslauf

Denken Sie über Ihr bisheriges Leben nach, von der Geburt bis zum heutigen Tag.

Erste Lebensperiode: Geburt bis 7. Lebensjahr

Diese erste Lebensperiode entspricht der Kindheit. Das „Drehbuch des Lebens“ ist inzwischen geschrieben und fixiert. Bis zum siebten Lebensjahr ist ein Mensch nach deutschem Gesetz nicht strafbar, weil er die Realität nicht erfassen, Fakten nicht überprüfen und die Folgen seines Verhaltens nicht bedenken kann. Schreiben Sie nun Ihren Lebenslauf für die erste Lebensperiode. Woran erinnern Sie sich spontan? Halten Sie sich, wenn es Ihnen möglich ist, an die folgenden Fragen.

- Wo lebte ich? Wer war bei mir?
- Was empfand ich in dieser Periode als ganz besonders negativ und destruktiv?
- Was war besonders erfreulich für mich?
- Bei welchen Situationen war ich besonders glücklich?
- Welche Gebote und Verbote erlebte ich durch welche Personen, die mich in meiner Persönlichkeitsentwicklung stark behinderten?
- Was lernte ich durch meine Bezugspersonen (Mutter, Vater, Oma, Opa usw.), die mich dadurch in meiner Persönlichkeitsentwicklung förderten?
- Wer setzte mir in positiver Art Grenzen?
- Wer war mir gegenüber konsequent? Wann? In welchen Situationen?
- Ich erhielt überfürsorgliche Hilfe, ohne dass ich darum gebeten habe. Wer tat es wie?
- Ich bekam aufrichtige Hilfe, wenn ich darum gebeten habe. Von wem? Wann? In welchen Situationen?
- Ich musste meine Bedürfnisse zurückstellen und empfand großes Leid (Angst, Trauer, Wut), fühlte mich als Opfer, verlassen, allein gelassen. Wann? Wo? Wie war das?
- Ich rebellierte, war trotzig, wütend, ohne jedoch die Situation verändern zu können. Wann? Wo? Wie war das für mich?
- Ich passte mich situativ an, ohne darunter zu leiden, wie z. B. gehorchen, fleißig und lieb sein usw. Wann? Wo? Wie? Wem zeigte ich das? Was hat mich dazu veranlasst?

- Wie wurde ich für gutes Verhalten belohnt?
- Ich war gedankenlos, bedenkenlos, manchmal auch rücksichtslos. Wem tat ich damit weh? Wann? Wo? Wie war das für mich?
- Ich erlebte wahrhafte Freude, Spaß und Fröhlichkeit sowie sinnlichen Genuss. Wann? Wo? Wie? Mit wem?
- Wann war ich krank, und welche Krankheiten durchlebte ich? Datum, Art der Krankheit:
- Welche sehnlichsten Wünsche wurden mir nicht erfüllt?

Zweite Lebensperiode: 7. bis 14. Lebensjahr

Der Mensch lernt logisch zu denken und durchlebt in dieser Entwicklungsphase die Pubertät. Während dieser Zeit eignet er sich viele Elementarkenntnisse an.

- Wo lebte ich? Wer war bei mir?
- Was empfand ich in dieser Periode als ganz besonders negativ und destruktiv?
- Was war besonders erfreulich für mich?
- Bei welchen Situationen war ich besonders glücklich?
- Welche Gebote und Verbote erlebte ich durch welche Personen? Wer oder was behinderte mich in meiner Persönlichkeitsentwicklung stark?
- Welches Wissen, welche Kenntnisse und Erfahrungen lernte ich durch meine Bezugspersonen (Mutter, Vater, Oma, Opa usw.)? Wie wurde meine Persönlichkeitsentwicklung gefördert?
- Wer setzte mir in positiver Art Grenzen? Wer war mir gegenüber konsequent? Wann? In welchen Situationen?
- Ich erhielt überfürsorgliche Hilfe, ohne dass ich darum gebeten habe. Wer tat es wie?
- Ich bekam aufrichtige Hilfe, wenn ich darum gebeten habe. Von wem? Wann? In welchen Situationen?
- Ich musste meine Bedürfnisse zurückstellen und empfand großes Leid (Angst, Trauer, Wut), fühlte mich als Opfer, verlassen, allein gelassen. Wann? Wo? Wie war das?
- Ich rebellierte, war trotzig, wütend, ohne jedoch die Situation verändern zu können. Wann? Wo? Wie war das für mich?

- Ich passte mich situativ an, ohne darunter zu leiden, wie z. B. gehorchen, fleißig und lieb sein usw. Wann? Wo? Wie? Wem zeigte ich das? Was hat mich dazu veranlasst?
- Wie wurde ich für gutes Verhalten belohnt?
- Ich war gedankenlos, bedenkenlos, manchmal auch rücksichtslos. Wem tat ich damit weh? Wann? Wo? Wie war das für mich?
- Ich erlebte wahrhafte Freude, Spaß und Fröhlichkeit sowie sinnlichen Genuss. Wann? Wo? Wie? Mit wem?
- Wann war ich krank, und welche Krankheiten hatte ich? Datum, Art der Krankheit:
- Welche besonderen schulischen Enttäuschungen erlebte ich? Wann? Wo? Wie war das?
- Welche besonderen schulischen Freuden (Lob und Anerkennung) erlebte ich? Wann? Was? Wo?
- Welche besonderen privaten/familiären Enttäuschungen erlebte ich? Wann? Was tat besonders weh? Wo? Wie war das?
- Welche besonderen privaten/familiären Freuden erlebte ich? Wann? Was? Wo? Mit wem? Wie fühlte sich das an?
- Welche sehnlichsten Wünsche wurden mir nicht erfüllt?

Dritte Lebensperiode: 14. bis 21. Lebensjahr

In diesem Lebensabschnitt erlernt der Mensch das Allgemeinwissen. Er schließt seine Schule ab (Grundschule, Mittlere Reife, Abitur) und bereitet sich auf seinen Beruf vor. Die Volks- und Realschüler lernen normalerweise einen Beruf, der Abiturient studiert vielleicht.

- Wo lebte ich? Wer war bei mir?
- Was empfand ich in dieser Periode als ganz besonders negativ und destruktiv?
- Was war besonders erfreulich für mich?
- Bei welchen Situationen war ich besonders glücklich?
- Welche Gebote und Verbote erlebte ich durch welche Personen? Wer oder was behinderte mich in meiner Persönlichkeitsentwicklung stark?

- Welches Wissen, welche Kenntnisse und Erfahrungen lernte ich durch meine Bezugspersonen (Mutter, Vater, Oma, Opa usw.)? Wie wurde meine Persönlichkeitsentwicklung gefördert?
- Wer setzte mir in positiver Art Grenzen? Wer war mir gegenüber konsequent? Wann? In welchen Situationen?
- Ich erhielt überfürsorgliche Hilfe, ohne dass ich darum gebeten habe. Wer tat es wie?
- Ich bekam aufrichtige Hilfe, wenn ich darum gebeten habe. Von wem? Wann? In welchen Situationen?
- Ich musste meine Bedürfnisse zurückstellen und empfand großes Leid (Angst, Trauer, Wut), fühlte mich als Opfer, verlassen, allein gelassen. Wann? Wo? Wie war das?
- Ich rebellierte, war trotzig, wütend, ohne jedoch die Situation verändern zu können. Wann? Wo? Wie war das für mich?
- Ich passte mich situativ an, ohne darunter zu leiden, wie z. B. gehorchen, fleißig und lieb sein usw. Wann? Wo? Wie? Wem zeigte ich das? Was hat mich dazu veranlasst?
- Wie wurde ich für gutes Verhalten belohnt?
- Ich war gedankenlos, bedenkenlos, manchmal auch rücksichtslos. Wem tat ich damit weh? Wann? Wo? Wie war das für mich?
- Ich erlebte wahrhafte Freude, Spaß und Fröhlichkeit sowie sinnlichen Genuss. Wann? Wo? Wie? Mit wem?
- Wann war ich krank, und welche Krankheiten hatte ich? Datum, Art der Krankheit.
- Welche besonderen schulischen Enttäuschungen erlebte ich? Wann? Wo? Wie war das?
- Welche besonderen schulischen Freuden (Lob und Anerkennung) erlebte ich? Wann? Was? Wo?
- Welche besonderen privaten/familiären Enttäuschungen erlebte ich? Wann? Was tat besonders weh? Wo? Wie war das?
- Welche besonderen privaten/familiären Freuden erlebte ich? Wann? Was? Wo? Mit wem? Wie fühlte sich das an?
- Welche sehnlichsten Wünsche wurden mir nicht erfüllt?

Vierte Lebensperiode: 21. bis 28. Lebensjahr

Dieser Lebensabschnitt wird auch als „Lehr- und Wanderjahre“ bezeichnet. Berufsausbildung und das Studium sind normalerweise abgeschlossen. Man schaut sich nach dem richtigen Lebenspartner um. Viele Menschen heiraten in der vierten Lebensperiode, und – aufgrund der jugendlichen Energie und Kraft – es geht im Leben nun mit Volldampf voraus.

- Wo lebte ich? Wer war bei mir?
- Was empfand ich in dieser Periode als ganz besonders negativ und destruktiv?
- Was war besonders erfreulich für mich?
- Bei welchen Situationen war ich besonders glücklich?
- Welche Gebote und Verbote erlebte ich durch welche Personen? Wer oder was behinderte mich in meiner Persönlichkeitsentwicklung stark?
- Welches Wissen, welche Kenntnisse und Erfahrungen lernte ich durch meine Bezugspersonen (Mutter, Vater, Oma, Opa usw.)? Wie wurde meine Persönlichkeitsentwicklung gefördert?
- Wer setzte mir in positiver Art Grenzen? Wer war mir gegenüber konsequent? Wann? In welchen Situationen?
- Ich erhielt überfürsorgliche Hilfe, ohne dass ich darum gebeten habe. Wer tat es wie?
- Ich bekam aufrichtige Hilfe, wenn ich darum gebeten habe. Von wem? Wann? In welchen Situationen?
- Ich musste meine Bedürfnisse zurückstellen und empfand großes Leid (Angst, Trauer, Wut), fühlte mich als Opfer, verlassen, allein gelassen. Wann? Wo? Wie war das?
- Ich rebellierte, war trotzig, wütend, ohne jedoch die Situation verändern zu können. Wann? Wo? Wie war das für mich?
- Ich passte mich situativ an, ohne darunter zu leiden, wie z.B. gehorchen, fleißig und lieb sein usw. Wann? Wo? Wie? Wem zeigte ich das? Was hat mich dazu veranlasst?
- Wie wurde ich für gutes Verhalten belohnt?
- Ich war gedankenlos, bedenkenlos, manchmal auch rücksichtslos. Wem tat ich damit weh? Wann? Wo? Wie war das für mich?

- Ich erlebte wahrhafte Freude, Spaß und Fröhlichkeit sowie sinnlichen Genuss. Wann? Wo? Wie? Mit wem?
- Wann war ich krank, und welche Krankheiten hatte ich? Datum, Art der Krankheit.
- Welche besonderen privaten/familiären Enttäuschungen erlebte ich? Wann? Was tat besonders weh? Wo?
- Welche besonderen privaten/familiären Freuden erlebte ich? Wann? Was war besonders schön? Wo? Mit wem?
- Wann hatte ich welche berufliche Erfolge?
- Wann erlebte ich welche berufliche Tiefpunkte?
- Wann hatte ich welche materiellen Erfolge?
- Hatte ich in dieser Periode materielle Verluste? Wann, was, wieviel?
- Welche sehnlichsten Wünsche konnte ich mir nicht erfüllen?

Fünfte Lebensperiode: 28. bis 35. Lebensjahr

Privat und beruflich ist alles gefestigt. Beruflich sollte es vorwärts gehen. Privat wird mehr Verantwortung übernommen, man wird Vater oder Mutter. Die Frau beginnt gezielter über die Zukunft und über das bisherige Leben nachzudenken. Viele Frauen finden zum Ende dieses Lebensabschnittes ein neues Bewusstsein, ihr Leben anders zu gestalten.

Halten Sie sich an die Fragen der vierten Lebensperiode!

Sechste Lebensperiode: 35. bis 42. Lebensjahr

Das vierzigste Lebensjahr wird überschritten. Die Hälfte des Lebens scheint vorbei zu sein. Vor allem der Mann beginnt nun, über sich, sein Leben und seine Zukunft nachzudenken. Er erlebt in dieser Periode oft seine so genannte „Midlife-Krise“ und empfindet, bedingt durch verschiedene Verluste so manchen Stress. Auch viele Frauen erleben Stress durch den Weggang ihrer Kinder, die nun ihr eigenes Leben außer Haus beginnen. (Siehe auch Buch: „Gelassenheit finden – erfüllt leben“.)

Auch für diese Periode sind dieselben Fragen wie aus der vierten oder fünften Lebensperiode zu beantworten.

Siebte Lebensperiode: 42. bis 49. Lebensjahr

In dieser Periode finden viele Menschen ganz neu zu sich. Sie finden neue Betätigungsfelder, mehr Freude am Dasein, entwickeln neue, andere Aktivitäten, die bislang im Verborgenen lagen. Sie sehen oft das Leben in einem neuen Licht.

Hier sind dieselben Fragen wie aus der vierten, fünften oder sechsten Lebensperiode zu beantworten.

Achte Lebensperiode: 49. bis 56. Lebensjahr

Die achte Periode birgt viele gesundheitliche Gefahren in sich. Besonders der vielbeschäftigte Mann ist herzinfarktgefährdet. Frauen erleben während dieser Zeit das Ende ihrer Fruchtbarkeit, die Wechseljahre, die von körperlichen und seelischen Problemen begleitet werden. Mann und Frau fragen sich in dieser Periode nach dem Sinn und Zweck ihres Lebens, und in der heutigen Zeit fragen sich beide auch nach dem Sinn ihrer Ehe.

Hier sind dieselben Fragen wie aus der vierten, fünften, sechsten oder siebenten Lebensperiode zu beantworten.

Neunte Lebensperiode: 56. bis 63. Lebensjahr

In diesem Lebensabschnitt befindet sich der Mensch auf dem Weg zur Ganzheit und Reife. Man ist bereit, zu verzeihen und um Verzeihung zu bitten mit Worten oder still im Gebet. Gefühle der Wut gegenüber anderen Menschen oder erlebten Situationen verblassen. Man bereitet sich auf den Ruhestand vor.

Hier sind dieselben Fragen wie aus der vierten, fünften, sechsten, siebenten oder achten Lebensperiode zu beantworten.

Zehnte Lebensperiode: 63. bis 70. Lebensjahr

Dieser Lebensabschnitt wird auch als „Periode des Loslassens“ bezeichnet. Man trennt sich von vielen materiellen Dingen, vor allem aber von immateriellen Gütern, beispielsweise von Hassgefühlen, von Wut und Ärger, auch von Trauer gegenüber anderen

Menschen. Man macht sich auch Gedanken, sein Testament zu schreiben oder zu aktualisieren und das Erbe aufzuteilen.

Hier sind dieselben Fragen zu beantworten, wie in der neunten Lebensperiode.

Elfte Lebensperiode: 70. bis 77. Lebensjahr

Zwölfte Lebensperiode: 77. bis 84. Lebensjahr

Dreizehnte Lebensperiode: 84. bis 91. Lebensjahr

Vierzehnte Lebensperiode: 91. bis 98. Lebensjahr

Diese Lebensabschnitte repräsentieren im positiven Sinne das geistige Wachstum, die reife Liebe und die Weisheit. Dankbarkeit, Zufriedenheit, Harmonie und innere Freude bestimmen mehr und mehr den Alltag. Man bereitet sich nach einem erfüllten Leben in Frieden auf den Tod vor. Viele Frauen werden zu Witwen. Für sie beginnt ein neuer Lebensabschnitt mit neuer Zeitstrukturierung, mit neuen Bekanntschaften, mit neuen Zielen und einem neuen Lebenssinn. Hier sind dieselben Fragen zu beantworten, wie in der zehnten Lebensperiode.

Im weiteren Verlauf der Persönlichkeitsentwicklung geht es um Ihre Familie. Beantworten Sie wieder jede der folgenden Fragen so detailliert wie möglich schriftlich.

V 2. Vater

- Habe ich heute noch Kontakt zu ihm?
- Wenn nein, warum nicht?
- Was weiß ich von seinen Gefühlen?
- Konnte er herzhaft lachen und sich freuen?
- Habe ich mal seine Tränen gesehen?
- Wie zeigte er seine Wut, seinen Ärger?

- Wie drückte er seine Angst aus?
- Hat er mir aufrichtig geholfen, so wie ich es mir gewünscht habe?
- Hat er sich ständig in meine Angelegenheiten eingemischt? War er ein „Besserwisser“?
- Was weiß ich von seinen beruflichen Enttäuschungen/Misserfolgen?
- Was hätte er erreichen können/wollen, wenn …? Worüber sprach er?
- Worüber sprach er nicht. Was hätte ich gern von ihm gewusst?
- Welche privaten/familiären Enttäuschungen erlebte er? Was? Wann? Wie? Wo? Durch wen?
- Welche besonderen privaten/familiären Freuden erlebte er? Was? Wann? Wie? Wo? Mit wem?
- Welche materiellen Erfolge hatte Vater? Wann? Wodurch? Womit?

V 3. Mutter

- Habe ich heute noch Kontakt zu ihr?
- Wenn nein, warum nicht?
- Was weiß ich von ihren Gefühlen?
- Konnte sie herzhaft lachen und sich freuen?
- Konnte Mutter weinen?
- Wie zeigte sie ihre Wut, ihren Ärger?
- Wie drückte sie ihre Angst aus?
- Hat sie mir aufrichtig geholfen, so wie ich es mir gewünscht habe?
- Wusste sie es immer besser als ich?
- Welche beruflichen Enttäuschungen/Misserfolge erlebte sie?
- Was hätte sie erreichen können/wollen, wenn ... ? Worüber sprach sie?
- Worüber sprach sie nicht. Was hätte ich gern von ihr gewusst?
- Welche privaten/familiären Enttäuschungen durchlebte sie? Was? Wann? Wie? Wo? Durch wen?

– Welche besonderen privaten/familiären Freuden hatte sie? Was? Wann? Wie? Wo? Mit wem?
– Welche materiellen Erfolge hatte meine Mutter? Wann? Wodurch? Womit?

V 4. Großvater väterlicherseits

– Habe ich heute noch Kontakt zu ihm?
– Wenn nein, warum nicht?
– Wenn er inzwischen verstorben ist, woran ist er gestorben?
– Beschreiben Sie Ihren Großvater väterlicherseits:
Wie ist (war) er, was denkt (dachte) und fühlt(e) er?
– Welche seiner positiven Eigenschaften gefallen (gefielen) mir am meisten?
– Welche seiner negativen Eigenschaften mag (mochte) ich gar nicht?
– Welche privaten/familiären Enttäuschungen durchlebte er?
– Welche besonderen privaten/familiären Freuden hatte er?
– Welche materiellen Erfolge schaffte er?

V 5. Großmutter väterlicherseits

– Habe ich heute noch Kontakt zu ihr?
– Wenn nein, warum nicht?
– Wenn sie inzwischen verstorben ist, woran ist sie gestorben?
– Beschreiben Sie Ihre Großmutter väterlicherseits:
Wie ist (war) sie, was denkt (dachte) und fühlt(e) sie?
– Welche ihrer positiven Eigenschaften gefallen (gefielen) mir am meisten?
– Welche ihrer negativen Eigenschaften mag (mochte) ich nicht?
– Welche privaten/familiären Enttäuschungen durchlebte sie?
– Welche besonderen privaten/familiären Freuden hatte sie?
– Welche materiellen Erfolge erzielte sie?

V 6. Großvater mütterlicherseits

– Habe ich heute noch Kontakt zu ihm?
– Wenn nein, warum nicht?

– Wenn er inzwischen verstorben ist, woran ist er gestorben?
– Beschreiben Sie Ihren Großvater mütterlicherseits: Wie ist (war) er, was denkt (dachte) und fühlt(e) er?
– Welche seiner positiven Eigenschaften gefallen (gefielen) mir am meisten?
– Welche seiner negativen Eigenschaften mag (mochte) ich gar nicht?
– Welche privaten/familiären Enttäuschungen durchlebte er?
– Welche besonderen privaten/familiären Freuden hatte er?
– Welche materiellen Erfolge schaffte er?

V 7. Großmutter mütterlicherseits

– Habe ich heute noch Kontakt zu ihr?
– Wenn nein, warum nicht?
– Wenn sie inzwischen verstorben ist, woran ist sie gestorben?
– Beschreiben Sie Ihre Großmutter mütterlicherseits: Wie ist (war) sie, was denkt (dachte) und fühlt(e) sie?
– Welche ihrer positiven Eigenschaften gefallen (gefielen) mir am meisten?
– Welche ihrer negativen Eigenschaften mag (mochte) ich nicht?
– Welche privaten/familiären Enttäuschungen durchlebte sie?
– Welche besonderen privaten/familiären Freuden hatte sie?
– Welche materiellen Erfolge erzielte sie?

V 8. Lebensalter

– Wie alt ist Vater geworden?
– Wie alt ist Mutter geworden?
– Wie alt ist Großvater väterlicherseits geworden?
– Wie alt ist Großmutter väterlicherseits geworden?
– Wie alt ist Großvater mütterlicherseits geworden?
– Wie alt ist Großmutter mütterlicherseits geworden?
– Wie alt ist Ur-Großvater väterlicherseits geworden?
– Wie alt ist Ur-Großmutter väterlicherseits geworden?
– Wie alt ist Ur-Großvater mütterlicherseits geworden?
– Wie alt ist Ur-Großmutter mütterlicherseits geworden?
– Wie alt möchten Sie werden?

V 9. Vermögen

(Immobilien, Bargeld, Wertpapiere, Schmuck)
Welches Vermögen hinterließen oder werden sie hinterlassen?
– Großeltern mütterlicherseits?
– Großeltern väterlicherseits?
– Eltern?

V 10. Vater (männliche Bezugsperson)

Wie war Vater, als ich selbst noch ein Kind war? Wie waren sein Charakter, seine Eigenschaften, seine Art und Weise zu leben. Lesen Sie die folgenden menschlichen Eigenschaften. Wählen Sie drei davon aus, die am meisten auf Ihren Vater zutreffen.

V 10.1. Er ist/war …
… ruhig und gelassen
… hilfsbereit
… zuverlässig und konsequent
… kreativ
… sportlich
… ein gutes Vorbild
… offen und frei
… nachdenklich

V 10.2. Er ist/war …
… stets in Eile
… ein Antreiber
… spontan, unberechenbar
… herrschsüchtig (liebt/e die Macht)
… verdrießlich
… rücksichtslos
… unsicher, angstvoll
… Besserwisser
… verschlossen

V 10.3. Wem ähnelte er in seinem Verhalten mehr, seinem Vater oder seiner Mutter?

V 11. Mutter (weibliche Bezugsperson)

Wie war Mutter, als ich noch ein Kind war? Wie war ihr Charakter, ihre Eigenschaften, ihre Art und Weise zu leben. Lesen Sie die folgenden menschlichen Eigenschaften. Wählen Sie drei davon aus, die am stärksten auf die Beschreibung Ihrer Mutter zutreffen.

V 11.1. Sie ist/war …
… ruhig und gelassen
… hilfsbereit
… zuverlässig und konsequent
… kreativ
… sportlich
… ein gutes Vorbild
… offen und frei
… nachdenklich

V 11.2. Sie ist/war …
… stets in Eile
… ein Antreiber
… spontan, unberechenbar
… herrschsüchtig (liebt/e die Macht)
… verdrießlich
… rücksichtslos
… unsicher, angstvoll
… Besserwisser
… verschlossen

V 11.3. Wem ähnelte Mutter in ihrem Verhalten mehr, ihrem Vater oder ihrer Mutter?

V 12. Geschwister

– Wieviele Geschwister habe/hatte ich?
– An welcher Stelle der Geschwisterfolge stehe/stand ich?
– Zu wem fühle/fühlte ich mich gefühlsmäßig besonders hingezogen?
– Wie macht/machte sich das bemerkbar?

– Welche Geschwister mag ich nicht so gern? Wie zeigt sich das?
– Welche meiner Geschwister leben noch?
– Wer ist wann und an welcher Krankheit gestorben?
– Was ist mir wichtig, von meinen Geschwistern aufzuschreiben?

Fühlen und horchen Sie nun in sich hinein und fragen Sie sich zu den nachfolgenden Themen:

V 13. Gebote und Verbote

– Sprach ich in der Vergangenheit Gebote und Verbote aus?
– Wenn ja, wann und in welchen Situationen tat ich das?
– Was sagte ich?
(Schreiben Sie Beispiele, an die Sie sich spontan erinnern, wortwörtlich auf.)
– Was tat ich dabei nonverbal (Gestik, Mimik)?
– Gegen wen waren diese Aussagen (Gebote, Verbote) gerichtet?
– Meistens gegen:

V 14. Erfahrungen, Kenntnisse, Wissen

– Wie gab ich meine Erfahrungen, Kenntnisse und mein Wissen weiter?
– Wann und in welchen Situationen tat ich das?
– Was sagte ich? (Schreiben Sie Beispiele aus der Vergangenheit wortwörtlich auf.)
– Was tat ich dabei nonverbal (Gestik/Mimik)?
– Wen förderte ich?
– Wen förderte ich am meisten?
– Wer bedankte sich dafür bei mir?

V 15. Retten

Retten bedeutet, dass man einem anderen hilft, ohne dass er um Hilfe gebeten hat. Man springt praktisch für den anderen oder die anderen ein, nach dem Motto: „Lass das mal, das mache ich schon für dich". Im Grunde tut man „zu viel" für den/die anderen, mehr als für sich selbst. Wer einen anderen ständig „rettet", erzieht ihn zur Unselbständigkeit. Menschen, die in ihrer Kindheit häufig „gerettet" wurden, haben es als Erwachsene oft sehr schwer, sich eigenständig zurechtzufinden. Viele suchen sich einen Lebenspartner, der sie weiterhin „rettet", weil sie es nicht anders kennen.

- Wen „rettete" ich?
- Wann und in welchen Situationen tat ich das?
- Was sagte ich? (Schreiben Sie Beispiele aus ihrem Erfahrungsschatz wortwörtlich auf.)
- Wen rettete ich am häufigsten?
- Wer schätzte mein „Retten"?
- Wer beschwerte sich über mein Verhalten/Retten?

Wer „rettet" muss damit rechnen, dass er sich den Unwillen der „Geretteten" zuzieht. Und, ich wiederhole mich noch einmal: Wer andere „rettet", erzieht sie zur Unselbständigkeit.

V 16. Helfen

Helfen bedeutet im Gegensatz zum „Retten", dass man dem Menschen hilft, der um Hilfe bittet. Man nimmt sich Zeit für ihn, um seinem Wunsch zu entsprechen. Beispielsweise hilft man den Kindern bei den Hausaufgaben, wenn sie darum bitten, oder man hilft seinem Nachbarn, nachdem er um etwas gebeten hat.

- Wem half ich aufrichtig?
- Wann und in welchen Situationen tat ich das?
- Wie zeigte sich das? Was tat ich?
- Was sagte ich? Was fragte ich?
  (Schreiben Sie die Beispiele aus Ihrem Leben wortwörtlich auf.)
- Wem half ich am häufigsten?
- Wer bedankte sich bei mir für meine Hilfsbereitschaft und Hilfeleistung?

V 17. Angst

- Wann ängstigte ich mich das letzte Mal?
- Wovor ängstigte ich mich?
- Wie ging ich mit meiner Angst um? Was tat ich?
- Mit wem sprach ich über meine Angst?

V 18. Trauer

- Wann fühlte ich mich traurig?
- Wer oder was stimmte mich traurig?
- Wie ging ich mit meiner Trauer um? Was tat ich?
- Mit wem sprach ich über meine Traurigkeit?

V 19. Wut oder Ärger?

- Wann spürte ich das letzte Mal Ärger oder gar Wut in mir?
- Wer oder was war der Grund dafür?
- Wie drückte ich meine Wut aus? (Schreiben Sie Beispiele wortwörtlich auf.)
- Was tat ich daraufhin?
- Bei wem habe ich meine Wut abgeladen?
- Traf ich die richtige Person?
- Passiert mir das öfter?
- Kann ich die „getroffene Person" um Verzeihung bitten?
- Mit wem sprach ich über meinen Ärger oder Wutanfall?

V 20. Ohnmacht, Hilflosigkeit

- In welchen Situationen fühlte ich mich hilflos, ohnmächtig, machtlos?
- Was empfand ich dabei? Wie erging es mir?
- Was tat ich, als ich mich so fühlte?
- Wie drückte ich mich aus? (Schreiben Sie Beispiele der Hilflosigkeit wortwörtlich auf.)
- Mit wem sprach ich darüber?

V 21. Anpassen und leiden

Negatives Anpassen = Man muss etwas tun, weil es sich so „gehört", weil es von einem erwartet, ja verlangt wird, auch wenn man es im Grunde genommen gar nicht will. Innerlich rebelliert man dagegen und man leidet deswegen gewöhnlich darunter. Man macht letztendlich eine gute Mine zum bösen Spiel, obwohl man es nicht will. Beispiele: Sonntagskleidung der Kinder, Kleidungsordnung für Jugendliche, das Familientreffen, das Geschäftsessen usw.

– Bei welchem Anlass passte ich mich das letzte Mal den Forderungen anderer an und litt fürchterlich darunter?
– Wie fühlte ich mich dabei? Was fühlte ich?
– Was sagte ich zu dieser Situation? (Schreiben Sie Beispiele aus naher Vergangenheit wortwörtlich auf.)
– Mit wem sprach ich darüber? Schenkte man mir Gehör?

V 22. Anpassen, ohne zu leiden

Positives Anpassen = Man passt sich einer gegebenen Situation so an, wie es von einem erwartet wird. Man versteht das Wieso, Weshalb und Warum der Gegebenheit. „Rebellieren" nutzt nichts und „Leiden" verbessert die Lage auch nicht. Also wozu? Man befreit sich von den schlechten Gefühlen und tauscht sie in gute, fröhliche Gefühle, weil man verstanden hat, dass alles andere sinnlos ist.

– Bei welchem Anlass passte ich mich das letzte Mal den Normen an, ohne darunter zu leiden?
– Wie fühlte ich mich dabei?

V 23. Gedanken-, bedenken- und/oder rücksichtslos

– War ich in der letzten Zeit gedanken-, bedenken- oder rücksichtslos?
– Was tat ich?
– Wem tat ich damit weh?
– Treffe ich immer wieder denselben Menschen?

– Wenn ja, was mag dahinter stecken?
– Bin ich fähig, um Verzeihung zu bitten?
– Wenn nein, warum nicht?
– Wenn ja, wann werde ich es tun?

V 24. Freude

Schadenfreude, Lachen über andere, Lachen über die eigene Dummheit oder die der anderen, bezeichnet man als „Galgenhumor". Das hat nichts mit wahrhafter Freude zu tun.

– Wann erlebte ich das letzte Mal wahrhafte Freude?
– Wann und in welchen Situationen zeigte sich das?
– Mit wem konnte ich meine Freude teilen?

V 25. Sinnlicher Genuss

Hinweis: Ein sinnlicher Genuss ist eine Art innerer Freude, z. B. über die Natur, blühende Blumen, Sonnenuntergang, gutes Essen; Zärtlichkeit und auch tief erlebte Sexualität.

– Wann erlebte ich in letzter Zeit „sinnlichen" Genuss?
– Was erlebte ich für mich?
– Mit wem konnte ich diesen Genuss teilen?

V 26. Vergleichen Sie

jetzt in der Lebensanalyse „Was war?" Ihre persönlichen Daten mit denen Ihres Vaters (männliche Bezugsperson). Entdecken Sie Gleichartigkeiten? Wenn ja, welche?

V 26.1. Welche negativen Botschaften, Normen und Werte Ihres Vaters haben Sie wahrscheinlich *ungeprüft* übernommen? Vergleichen Sie nun V 2 und V 10.2 mit V 13, V 15, V 20, V 21 und V 23.

V 26.2. Welche positiven Merkmale Ihres Vaters haben Sie sich zu eigen gemacht? Vergleichen Sie nun V 2 und V 10.1 mit V 14, V 16 und V 22.

V 26.3. Wie ging Ihr Vater mit seinen Gefühlen um?
Vergleichen Sie V 2 und V 10 mit V 24 und V 25.
Vergleichen Sie V 2 und V 10 mit V 17.
Vergleichen Sie V 2 und V 10 mit V 18.
Vergleichen Sie V 2 und V 10 mit V 19.

V 27. Vergleichen Sie

jetzt in der Lebensanalyse „Was war?“ Ihre persönlichen Daten mit denen Ihrer Mutter (weibliche Bezugsperson). Entdecken Sie Gleichartigkeiten? Wenn ja, welche?

V 27.1. Welche negativen Botschaften, Normen und Werte Ihrer Mutter haben Sie wohl *ungeprüft* übernommen? Vergleichen Sie V 3 und V 11.2 mit V 13, V 15, V 20, V 21 und V 23.

V 27.2. Welche positiven Merkmale Ihrer Mutter haben Sie übernommen? Vergleichen Sie V 3 und V 11.1 mit V 14, V 16, V 22.

V 27.3. Wie ging Ihre Mutter mit ihren Gefühlen um?
Vergleichen Sie V 3 und V 11 mit V 24 und V 25.
Vergleichen Sie V 3 und V 11 mit V 17.
Vergleichen Sie V 3 und V 11 mit V 18.
Vergleichen Sie V 3 und V 11 mit V 19.

V 28. Vergleichen Sie

jetzt in der Lebensanalyse „Was war“ Ihre persönlichen Daten mit denen Ihrer Großeltern. Unterscheiden Sie väterlicherseits = V 4 und V 5 und mütterlicherseits = V 6 und V 7.
Mit wem entdecken Sie welche Gleichartigkeiten?

V 28.1. Gibt es negative Botschaften, Normen und Werte, die Sie *ungeprüft* übernommen haben? Vergleichen Sie V 4 und V 5 sowie V 6 und V 7 mit V 13, V 15, V 2, V 21 und V 23.
- Väterlicherseits?
- Mütterlicherseits?

V 28.2. Welche positiven Botschaften, Normen und Werte haben Sie von wem übernommen? Vergleichen Sie V 4 und V 5 sowie V 6 und V 7 mit V 14, V 16, V 22.

- Väterlicherseits?
- Mütterlicherseits?

V 28.3. Wie gingen Ihre Großeltern mit ihren Gefühlen um?

- Wie zeigten sie ihre Freude?
- Väterlicherseits?
- Mütterlicherseits?
- Wie zeigten sie ihre Trauer?
- Väterlicherseits?
- Mütterlicherseits?
- Wie gingen sie mit ihrer Wut/ihrem Ärger um? Wer tat was?
- Väterlicherseits?
- Mütterlicherseits?
- Wie gingen sie mit ihrer Angst um?
- Väterlicherseits?
- Mütterlicherseits?

V 28.4. Vergleichen Sie: V 4, V 5, V 6 und V 7 mit V 17, V 18, V 19, V 24 und V 25.

V 28.5. Welche anderen Gleichartigkeiten stellen Sie fest?

- Gesundheit?
- Lebensalter?
- Krankheiten?
- Familiäre Freuden?
- Familiäre Enttäuschungen?
- Materielle Erfolge?
- weitere?

V 29. Notieren Sie

sich nun noch einmal die drei negativsten, schmerzhaftesten Ereignisse/Erlebnisse Ihres Lebens. Fragen Sie sich: Was tat mir besonders weh?

Negativ-Erlebnis Nr. 1: ____________
Negativ-Erlebnis Nr. 2: ____________
Negativ-Erlebnis Nr. 3: ____________

Zusammenfassung:
Nehmen Sie sich nun Zeit, um über die Erkenntnisse der Lebensanalyse „Was war?" nachzudenken.
– Zu welchen Ergebnissen sind Sie insgesamt gekommen?
Fragen Sie sich auch: Wie fühle ich mich nun?

Machen Sie nun eine Pause.
Gönnen Sie sich etwas Gutes. Schlafen Sie eine Nacht, bevor Sie in diesem Buch weitermachen. Achten Sie auf Ihre Gefühle und erlauben Sie sich, Ihre Gefühle loszulassen!

Achten Sie auf Ihre Träume.
Legen Sie sich gegebenfalls Ihr „Traumbuch" an, legen Sie es ans Bett und schreiben Sie unmittelbar nach dem Traum das Erlebte auf.

Sind Sie bekümmert?
Haben Sie Sorgen, spüren Sie Ängste oder Ärger? Der große deutsche Philosoph Dr. Gustav Großmann empfiehlt in seinem Buch „Sich selbst rationalisieren": „Legen Sie sich ein Arbeitsbuch mit dem Titel ‚Durchlebt und durchlitten' an. Schreiben Sie alles auf, was Sie bedrückt. Denn: Was Sie aufgeschrieben haben, beschäftigt Sie nicht mehr. Nur Sie wissen, wo es steht. Und was Sie einmal zu Papier gebracht haben, existiert nun außerhalb von Ihnen. Es muss nun nicht mehr in Ihnen rumoren und nach Freilassung schreien. Durch Ihr Aufschreiben tun Sie niemandem weh, Sie verletzen niemanden. Alles was Sie tun, tun Sie nur für sich."
Also: Was hindert Sie daran?

Lebensanalyse „Was ist?"

Die Ringenden sind die Lebendigen.
Gerhard Hauptmann

Nach dem Blick in die Vergangenheit folgt nun der Blick in die Gegenwart (G1, G2 ...), in das Hier und Jetzt. Stellen Sie sich einen großen Trichter vor. Dort hinein warfen Sie all Ihren seelischen Ballast der Vergangenheit, nun kommt in diesen Trichter auch noch der Ballast der Gegenwart. Dann wird sortiert und abgebaut, denn am Ende müssen Sie durch das dünne Ende des Trichters kommen. Danach kommt irgendwann die Erleuchtung.

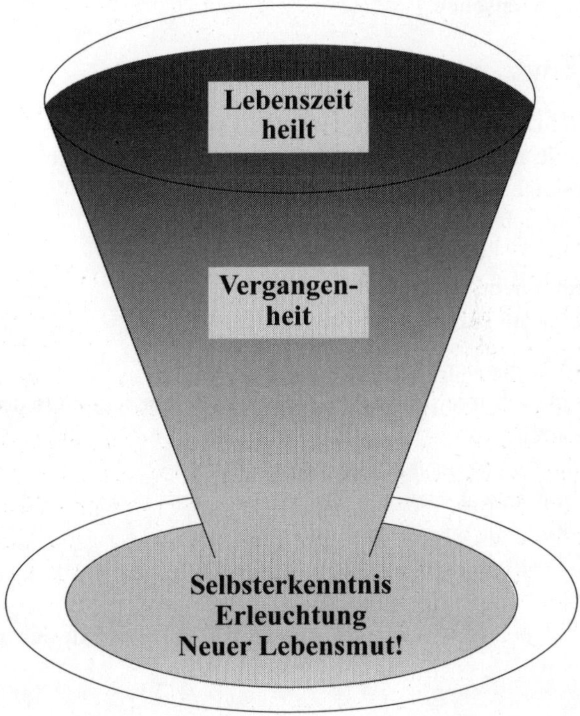

Wenn Sie diesen engen Kanal verlassen haben, sind Sie fähig, zielgenau vorwärts zu streben. Das Leben wird Ihnen in einem neuen Licht erscheinen. Viel Freude, Selbsterkenntnis und guten Mut für die zweite Stufe auf dem Weg zum Lebenserfolg. Beantworten Sie nun die folgenden Fragen wieder schriftlich.

G 1. Welche Dinge machen mir heute ganz besondere Freude und fördern mein Dasein, meine Gedanken, mein Fühlen und Handeln?

G 2. Welche Dinge oder welche Menschen belasten mich heute, mein Dasein, meine Gedanken, mein Fühlen und Handeln?

G 2.1. Dinge, Sachen, Gegebenheiten, Fakten?

G 2.2. Menschen?

G 3. Wer oder was ängstigt mich?

G 3.1. Dinge, Sachen, Gegebenheiten, Fakten?
- Fühle ich mich diesem Gefühl gegenüber machtlos oder gar ohnmächtig?
- Kann ich etwas Aktives dagegen tun?
- Wenn ja, was kann ich tun?
- Wenn nein, wie verhalte ich mich?
- Mit wem kann ich darüber sprechen?

G 3.2.Menschen?
- Fühle ich mich diesem Gefühl gegenüber machtlos oder gar ohnmächtig?
- Kann ich etwas Aktives dagegen tun?
- Wenn ja, was kann ich tun?
- Wenn nein, wie verhalte ich mich?
- Mit wem kann ich darüber sprechen?

G 4. Über wen oder was ärgere ich mich, werde ich richtig wütend?

G 4.1. Dinge, Sachen, Gegebenheiten, Fakten?
- Fühle ich mich der Wut gegenüber machtlos oder gar ohnmächtig?
- Kann ich etwas Aktives dagegen tun?
- Wenn ja, was kann ich tun?
- Wenn nein, wie verhalte ich mich?

G 4.2. Menschen?
- Fühle ich mich der Wut gegenüber machtlos oder gar ohnmächtig?
- Kann ich etwas Aktives dagegen tun?
- Wenn ja, was kann ich tun?
- Wenn nein, wie verhalte ich mich?

G 5. Wer oder was stimmt mich immer wieder traurig?

G 5.1. Dinge, Sachen, Gegebenheiten, Fakten?
- Fühle ich mich dem Traurigsein gegenüber machtlos oder gar ohnmächtig?
- Will ich etwas Aktives dagegen tun? Wenn ja, dann sagen Sie sich: „Wenn ich es recht bedenke, dann habe ich inzwischen genug getrauert. Ich lasse nun los und verzeihe."
- Wenn nein, was hindert mich daran?
- Mit wem könnte ich darüber sprechen?

G 5.2. Menschen?
- Fühle ich mich dem Traurigsein gegenüber machtlos oder gar ohnmächtig?
- Will ich etwas Aktives dagegen tun? Wenn ja, dann sagen Sie sich: „Wenn ich es recht bedenke, dann habe ich inzwischen genug getrauert. Ich lasse nun los und verzeihe."
- Wenn nein, was hindert mich daran?
- Mit wem könnte ich darüber sprechen?

G 6. Welche Menschen beeinflussen mich heute negativ? Wie machen sie das, wie zeigt sich das?

G 7. Welche Menschen beeinflussen mich heute positiv? Wer fördert mich wie?

G 8. Beschreiben Sie Ihre sehnlichsten Wünsche:
Meine sehnlichsten Wünsche sind:
1. . . .
2. . . .
3. . . .

G 9. Was tue ich nicht so gern?
– Welche Gründe könnte das haben?

G 10. Was tue ich besonders gern? Wie fördere ich mich damit?

G 11. Was kann ich nicht so gut? Was davon behindert mein Leben?

G 11.1. Privat?
G 11.2. Beruflich?

G 12. Welche besonderen Fähigkeiten habe ich?
– Wem kann ich damit einen Dienst erweisen?
– Welchen Nutzen kann ich dadurch ernten?

G 13. Welche Fertigkeiten beherrsche ich?
– Wem kann ich damit einen Dienst erweisen?
– Welchen Nutzen kann ich dadurch ernten?

G 14. Welches besondere Wissen, welche besonderen Kenntnisse habe ich?
– Wem kann ich damit einen Dienst erweisen?
– Welchen Nutzen kann ich dadurch ernten?

G 15. Wie und womit kann ich anderen Freude bereiten?
Ein kleiner Hinweis: Es muss nicht immer etwas Materielles sein! Mit immateriellem Handeln, z. B. mit einem Lächeln, einem netten Wort, einer Umarmung, einer guten Tat kann man viel Freude bereiten.)
– Wem möchte ich eine Freude bereiten?
– Was werde ich tun?

– Wann werde ich es tun?
Kontrollieren Sie sich! Haben Sie es wirklich getan?

G 16. Die folgende Übung können Sie privat wie beruflich gleichermaßen zu Ihrem Vorteil nutzen. Sie machen sich frei von unbewusstem negativem Denken und Fühlen. Sie konzentrieren sich auf eine auf Sie zukommende Situation. Dabei sind Sie hellwach und aufmerksam. Fragen Sie sich:

ÜBUNG
„Ich möchte ______________________ *) einen Dienst erweisen.
Welchen Dienst kann ich ihm/ihr heute erweisen?
Welchen Nutzen hat er/sie/es durch mich?“
– Bei wem werde ich diese Übung erstmals ausprobieren?
– Wann werde ich es tun?
– Kontrollieren Sie später den Erfolg und halten Sie ihn schriftlich fest.

G 17. Welches Wissen und welche Kenntnisse fehlen mir heute?
– Welche Möglichkeiten habe ich heute, mein fehlendes Wissen und meine fehlenden Kenntnisse auszugleichen?
– Was davon ist für mich am aussichtsreichsten?
– Worauf will ich mich konzentrieren?

G 18. Welches sind aus heutiger Sicht meine drei negativsten Eigenschaften?
1. . . .
2. . . .
3. . . .
– Wem schade ich dadurch?

G 19. Welche privaten Wünsche habe ich mir bis heute noch nicht erfüllt?
– Belastet mich das? Wenn ja, wie?

*) Namen einsetzen

G 20. Welche beruflichen Erfolge habe ich bis heute noch nicht erreicht?
– Belastet mich das? Wenn ja, wie?

G 21. Welcher private Wunsch ist mir im Moment am wichtigsten?

G 22. Welcher berufliche Erfolg ist mir im Moment am wichtigsten?

G 23. Schauen Sie sich unter G 8 Ihre sehnlichsten Wünsche an und fragen Sie sich:
– Wenn ich mir meine sehnlichsten Wünsche genau betrachte, welche Ängste, Unsicherheiten, Gefahren, Risiken spüre ich?
– Was wird mir persönlich passieren, wenn die Befürchtungen tatsächlich eintreffen?
– Was kann ich aktiv tun, damit diese Befürchtungen nicht eintreten?

G 24. Wenn Sie sich schlecht fühlen, an wen denken Sie sofort? Ich denke sofort an:
– Welchen aktiven Einfluss hat dieser Mensch heute noch auf mich?
– Sagen Sie sich: „Wenn ich es recht bedenke, dann hat ____________________ *) heute auf mich keinen aktiven Einfluss mehr. Ich bin ich."
– Stimmt das?
– Was fühle ich?

G 25. Fragen Sie sich: Wer sind heute meine besten Freunde?

G 26. Welche meiner so genannten „Freunde" haben mich aus heutiger Sicht enttäuscht?
– Mit wem möchte ich keinen Kontakt mehr haben?

---

*) Namen einsetzen

– Sprechen Sie den nachfolgenden Satz laut. Achten Sie dabei auf Ihre Gefühle:
„Wenn ich es recht bedenke, dann möchte ich mit ______________________ *) keinen Kontakt mehr haben!"
Schreiben Sie den Namen auf und auch den Grund.
Überdenken Sie noch einmal:
– Will ich das wirklich?
– Was fühle ich bei diesem Gedanken?

G 27. Versetzen Sie sich in einen Tagtraum. Schließen Sie die Augen, und stellen Sie sich gedanklich vor: Welche/n Menschen möchte ich näher kennen lernen?
Lassen Sie Ihrer Phantasie freien Lauf. Geben Sie sich Zeit.

G 28. Welchem/n Menschen möchte ich aus freiem Herzen danken?
– Wofür?
– Wann?

G 29. Von wem erhalte ich Lob und Anerkennung?
– Wie verhalte ich mich, wenn ich unerwartet Lob und Anerkennung erhalte?
– Glaube ich von mir, dass ich Lob und Anerkennung verdiene?

G 30. Was macht mir wirklich Freude?

G 31. Wie kann ich anderen Freude bereiten?
– Wem möchte ich Freude bereiten?
– Wann?

G 32. Wenn ich mich schlecht fühle, an was denke ich unmittelbar?
Ich denke sofort an: ______________________ Fragen Sie sich: Wie beeinträchtige ich dadurch mein Leben?

*) Namen einsetzen

– Sagen Sie sich: „Wenn ich es recht bedenke, dann hat ______________________________ *) heute auf mich keinen aktiven Einfluss mehr. Ich bin ich."
– Stimmt das?
– Was fühle ich?

G 33. Gehen Sie zurück zur Frage G 25. Überprüfen Sie nun kritisch, ob die notierten Freunde wirklich wahrhafte, aufrichtige Freunde sind, auf die Sie sich auch in der Not verlassen können. Wenn Sie die Frage mit einem eindeutigen „ja" beantworten können, ist alles in Ordnung.
– Sollten Sie Zweifel haben, gehen Sie zurück zur Frage G 26 und wiederholen Sie diese Übung.

G 34. Wenn Sie sich das bisher Aufgeschriebene genau betrachten, dann haben Sie doch ganz bestimmte Stärken (Wissen, Kenntnisse, Fähigkeiten, Fertigkeiten, Begabungen, Talente, positive Eigenschaften und Veranlagungen, Können, Qualifikationen usw.). Fassen Sie noch einmal für sich zusammen: Welche besonderen Stärken habe ich?

G 35. Wenn Sie über das bisher Notierte nachdenken, dann haben Sie auch ganz bestimmte Schwächen (mangelndes Wissen, fehlende Kenntnisse, unzureichende Erfahrungen, negative Eigenschaften und Veranlagungen, keine oder schlechte Qualifikationen, mangelndes Selbstvertrauen oder Selbstwertgefühl, Befürchtungen, Ängste, unkontrolliertes Verhalten usw.). Fassen Sie noch einmal für sich zusammen:
Welche besonderen Schwächen habe ich?

G 36. Fragen Sie sich: Welche besonderen Stärken werde ich ab sofort für mich und zum Wohle meiner Mitmenschen vermehrt einsetzen?

---

*) Namen einsetzen

G 37. Notieren Sie sich nun noch einmal die drei negativsten, schmerzhaftesten Ereignisse/Erlebnisse Ihres Lebens. Fragen Sie sich: Was tat mir besonders weh?

Negativ-Erlebnis Nr. 1:

____

Sagen Sie sich, nachdem Sie diese Ereignisse schriftlich festgehalten haben:
„Wenn ich es recht bedenke, dann bedeutet das negative Erlebnis Nr. 1 heute für mich ____________________________"
(ergänzen Sie)

Negativ-Erlebnis Nr. 2:

____

Sagen Sie sich, nachdem Sie diese Ereignisse schriftlich festgehalten haben:
„Wenn ich es recht bedenke, dann bedeutet das negative Erlebnis Nr. 2 heute für mich ____________________________"
(ergänzen Sie)

Negativ-Erlebnis Nr. 3:

____

Sagen Sie sich, nachdem Sie diese Ereignisse schriftlich festgehalten haben:
„Wenn ich es recht bedenke, dann bedeutet das negative Erlebnis Nr. 3 heute für mich ____________________________"
(ergänzen Sie)

Fragen Sie sich, nachdem Sie diese Übung gemacht haben:
– Bin ich bereit loszulassen?
– Bin ich bereit zu verzeihen?
– Bin ich bereit, um Verzeihung zu bitten?
– Bin ich bereit zu vergessen?

G 38. Was hat mir die „Lebensanalyse" bisher gebracht?
Ich habe für mich erkannt, dass . . . ____________________

G 39. Notieren Sie sich nun die Zusammenfassung Ihrer Stärken.
Sagen Sie sich: Meine positiven Merkmale, meine Stärken sind: Ich kann – ich will – ich tue!

G 40. Notieren Sie sich nun die Zusammenfassung Ihrer persönlichen Schwächen.
Sagen Sie sich: Ich lasse zu, dass ich Schwächen haben. Ich akzeptiere sie.
Meine negativen Merkmale, meine Schwächen sind:

Ein wichtiger Hinweis: Es gibt keinen perfekten Menschen. Jeder Mensch hat Stärken, aber auch Schwächen. Schwächen sind dazu da, um daraus Stärken zu machen. Jeder Mensch kann aktiv an sich arbeiten (siehe: Veränderungsprozess) und überprüfen, was für ihn sinnvoll, angemessen und situationsgerecht ist. Er fragt sich: „Wenn ich es recht bedenke, dann …" und benutzt folgende Fragewörter, mit deren Hilfe er seine Gedanken immer wieder in die Gegenwart bringen kann. Denn nur in der Gegenwart, im Hier und Jetzt, ist ein Mensch fähig, klar zu denken.

Wer?	= Zielverantwortung	Wer ist verantwortlich?
Wie? Wohin?	= Zielweg	Wie komme ich zum Ziel?
Wann?	= Zielfrist	Wann bin ich am Ziel?
Wo?	= Zielort	Wo soll es sein?
Wieviel?	= Zielmenge, -höhe, -umfang	Wieviel Aufwand ist nötig?
Wie lange?	= Zielzeit	Wie lange wird es dauern?
Was?	= Zielinhalt	Was werde ich tun?
Wozu? Wofür?	= Zielzweck	Wozu ist es sinnvoll?
Weshalb?	= Zielgrund	Weshalb tue ich das?

Weitere gute Fragemöglichkeiten, um mit seinen Gedanken in die Gegenwart zu kommen:

Was mag der Grund sein?
Wie bin ich auf die Idee gekommen?
Was hat mich veranlasst, das zu tun, zu sagen usw.?
Wer kann mir bei dieser Lösung helfen?
Wieviel Zeit werde ich mir nehmen?
Was hat mich veranlasst, mich so zu verhalten?
Welchem Menschen kann ich mich wirklich anvertrauen? usw.

G 41. Mit der Frage G 35 der Lebensanalyse „Was ist?" notierten Sie sich Mängel. Fragen Sie sich zu jedem notierten Mangel:

- Kann ich mit diesem Mangel leben oder ist der Ausgleich dieses Mangels wirklich wichtig für mich?
- Was kann ich aktiv unternehmen, um aus einem Mangel eine persönliche Stärke zu machen.

G 42. Bin ich ein visueller, auditiver, kinästhetischer Lerntyp? Wie lerne ich am leichtesten? Habe ich inzwischen neue Erkenntisse gewonnen?
Vergleichen Sie nun Ihre jetzige Meinung mit der Antwort am Beginn Ihrer Aufzeichnungen. Welche Veränderung gibt es?

G 43. Beantworten Sie sich nun noch einmal die Frage: „Was mag ich an mir?", ohne vorher nachzulesen, was Sie am Anfang geschrieben haben. Seien Sie bitte ehrlich mit sich. Denken Sie an den Vertrag, den Sie mit sich geschlossen haben. Das Ergebnis soll Sie nämlich im positiven Sinne überraschen. Schreiben Sie nun.

Wenn Sie fertig sind, vergleichen Sie die jetzigen Antworten mit den Antworten auf der ersten Seite Ihres Arbeitsheftes. Wieviele Ideen haben Sie inzwischen dazugewonnen? Wie denken Sie persönlich über Ihre Fortschritte? Fühlen Sie Stolz? Gut so! Um so mehr Freude wird es Ihnen bereiten, nun fortzufahren.

Sollten Sie wider Erwarten keine Fortschritte gemacht haben, d. h. heute ist Ihnen nicht mehr eingefallen als zu Beginn dieser Übung in diesem Buch oder sogar noch weniger, dann ist es jetzt Ihre Aufgabe, dieses Buch noch einmal gründlich von vorn durchzuarbeiten.

G 44. Wer oder wie möchte ich wirklich sein?

G 45. Womit kann ich mir jetzt eine wahrhafte Freude bereiten? (Sagen Sie, was Sie möchten und Sie werden bekommen, was Sie wollen.)

Diese Lebensanalyse wiederholen Sie nun Jahr für Jahr. Sie werden sehen, es gibt immer wieder einige neue Erkenntnisse über und Hinweise für Sie. Einerseits werden Sie etwas streichen, weil es sich inzwischen erledigt hat. Andererseits werden Sie etwas hinzufügen und ergänzen oder verbessern, weil Sie verschiedene Wahrheiten erst jetzt zulassen können. Nur Ihre kontinuierliche Arbeit an sich selbst lässt Sie zu der Persönlichkeit werden, die Sie letztendlich werden möchten, denn die Zeit weilt, eilt, teilt und heilt.

Und nun machen Sie wieder eine Pause. Gönnen Sie sich etwas Gutes. Für heute haben Sie genug geleistet. Morgen ist ein neuer Tag, und dann heißt es: Mit Volldampf voraus.

Lebens-Mission

Vertrauen ist Mut, Treue ist Kraft.
Marie von Ebner-Eschenbach

Die Mission (Leitbild, Affirmation) drückt einen positiven Wunsch aus, der zu sein, der man gern sein möchte und beflügelt das Dasein, die Lebensfreude. Man nimmt sie wie eine Mahlzeit täglich mehrmals zu sich, indem man sie sich laut vorspricht (vorliest). Albert Schweitzers Mission war: „Ich bin Leben, inmitten von Leben, das leben will." Sie gab ihm täglich die Kraft, die er für seine Arbeit nötig hatte. Eine Mission hat einen *endlichen* Charakter. Was bedeutet das? „Endlich" bedeutet, dass die Mission zu jeder Zeit überprüfbar ist. Ein Beispiel soll dies verdeutlichen. Die Mission lautet: „Ich schaffe, was ich mir vornehme!" Nun kann jedes Vorhaben mit dieser Mission überprüft werden: Habe ich das geschafft, was ich mir vorgenommen habe? Dabei gibt es zwei Antwortmöglichkeiten: Ja, ich habe es geschafft, oder: Nein, ich habe es nicht geschafft.

Weitere Beispiele für Missionen:

Beispiel 1:
„Ich bin gesund, ich bin zufrieden, ich bin glücklich."
Überprüfbar: Fühle ich mich gesund? Bin ich mit mir zufrieden? Fühle ich mich glücklich?

Beispiel 2:
„Ich bin goldrichtig. Ich bin ein liebenswerter Mensch."
Überprüfbar: Bin ich goldrichtig? Bin ich liebenswert?

Fühlen Sie in sich hinein. Entdecken und schreiben Sie Ihre eigene, ganz persönliche Mission. Zur Anregung betrachten Sie sich noch einmal Ihre Antworten zu den Fragen: G 8, G 19, G 30, G 34, G 39, G 43, G 45. Ganz besonderes intensiv lesen Sie bitte die Antworten zu G 44! In diesen Wünschen ist wahrscheinlich Ihre Mission versteckt.

Meine Mission (endlich): ______________________________

Lebens-Vision

Viele sind berufen, wenige sind auserwählt.
Matthäus 20,16

Was versteht man unter einer Vision? Allgemein heißt es: Die Vision ist der Gestalter des Morgen. Mit einer Vision begibt man sich in eine neue, andere Wirklichkeit. Sie ist der synergetische Lebensmotivator, die persönliche Kultur, ja, ein ganz persönliches Glaubensbekenntnis. Sie ist die unsichtbare Plattform, auf der das zukünftige Leben gestaltet wird. Die Vision entspricht einer Idee, in der alles steckt, was einem „heilig" ist. Sie gibt dem Menschen fühlbares und erlebbares Selbstvertrauen, eine nie geahnte Selbstsicherheit.

Zwei Regeln sind zu beachten:

1. Eine kurzgefasste, prägnante Aussage mit möglichst nicht mehr als vier Wörtern.
2. Die Aussage hat einen *unendlichen* Charakter.
   Was bedeutet „unendlich"? Im Gegensatz zu dem endlichen Charakter einer Mission, bei der jederzeit überprüfbar ist, ob man das erreicht hat, was man sich vorgenommen hat, kann man sich einer Vision nur nähern, doch man kann sie nie erreichen. Unendlich ist vergleichbar mit dem Horizont, auf den man zugeht, dem man näher kommt, den man jedoch niemals erreicht.

Beispiel 1 für eine Vision: „Einfach machen!"
Diese zwei Wörter beinhalten zwei verschiedene Bedeutungen. Einmal liegt die Betonung auf *machen.* Man soll es „einfach machen", „einfach tun" oder „jetzt tun". Darin steckt für mich auch die Aufforderung: Tu's doch!

Zum anderen liegt die Betonung auf *einfach.* Man soll es sich „einfach" machen, nicht so kompliziert denken, es sich erst gut überlegen und dann handeln, wie man auf dem einfachsten, kürzesten Weg zum Erfolg kommt. „Einfach machen" kann man nie erreichen, es ist immer wieder neu und anders, also unendlich.

Beispiel 2 für eine Vision: „Glücklicher leben!"
Die erste Steigerungsform eines Eigenschaftswortes beinhaltet immer diesen „endlosen Charakter". Aufgrund dieser grammatische Form ist der Inhalt dieser Aussage auch nie erreichbar.

Fühlen Sie in sich hinein und entdecken und schreiben Sie Ihre eigene, ganz persönliche Vision. Zur Anregung betrachten Sie sich noch einmal Ihre Antworten zu den Fragen: G 8, G 19, G 30, G 34, G 39, G 43, G 45, ganz besonders achten Sie bitte auf Ihre Antworten unter G 44. Hierin liegt meistens auch die Vision verborgen.

Wenn Sie die Vision nicht auf Anhieb formulieren können, so schenken Sie sich Ruhe und Zeit, mindestens zwei Stunden. Nehmen Sie diese Aufgabe besonders ernst. Entspannen Sie sich, gehen Sie spazieren, atmen Sie frische Luft, beten Sie, lassen Sie Ihren inneren „kleinen Professor" für sich arbeiten. Puzzeln Sie mit den Wörtern, schieben Sie sie hin und her, so lange bis es für Sie stimmig ist. Plötzlich und unerwartet werden Sie Ihre Lebens-Vision entdeckt haben. Nehmen Sie dieses beflügelnde Glücksgefühl intensiv wahr. Übrigens: Eine Vision trägt man im Herzen. Man spricht mit niemandem darüber. Die Vision kennt nur derjenige, der sie für sich geschrieben hat. Gibt man sein Geheimnis an andere weiter, verliert die Vision augenblicklich ihre Kraft.

Meine Vision (unendlich): .______________________________

Lebensanalyse „Was wird?"

Es ist nicht gesagt, dass es besser wird, wenn es anders wird. Wenn es aber besser werden soll, dann muss es anders werden.
Georg Christoph Lichtenberg

Die Reise in die Vergangenheit ist abgeschlossen. Die Reise durch die Gegenwart haben Sie hinter sich gelassen. Nun begeben Sie sich mit Ihren Gedanken in die Zukunft (Z 1, Z 2 …), denn es geht jetzt um den weiteren Lebenserfolg, um die Erreichung von Zielen, um die Erfüllung von Wünschen und um das Bilden von innerem und äußerem Wohlstand.

Beantworten Sie nun mit den Erfahrungen der Vergangenheit und den Erkenntnissen der Gegenwart schriftlich die nachfolgenden Fragen. Schreiben Sie Ihren Lebensplan.

Z 1. Welchen Sinn und Zweck soll mein Leben haben?

Z 2. Welche Aufgabe habe ich in meinem Leben noch zu erfüllen?

Z 3. Welches sind meine sehnlichsten Wünsche?

Z 4. Stellen Sie sich gedanklich vor, Sie seien 85 Jahre alt. Fragen Sie sich:
- Wie alt wären dann meine Eltern?
- Wie alt wären meine Kinder?
- Wer wird dann bei mir sein?
- Wie geht es mir gesundheitlich?
- Wo werde ich leben?
- Welche Freunde werden bei mir sein?
- Womit werde ich mich beschäftigen?
- Welches Vermögen werde ich erwirtschaftet haben? (Bargeld, Aktien, Wertpapiere, Schmuck, Immobilien, Wertsachen)

Z 5. Stellen Sie sich gedanklich vor, Sie seien 65 Jahre alt.

- Wie alt wären meine Eltern? Würden sie noch leben?
- Wie alt sind dann meine Kinder?
- Wer wird dann bei mir sein?
- Wie geht es mir gesundheitlich?
- Wo werde ich leben?
- Welche Freunde werden bei mir sein?
- Habe ich meinen Ruhestand bis dahin geplant?
- Womit werde ich mich beschäftigen?
- Welches Vermögen werde ich erwirtschaftet haben? (Bargeld, Aktion, Wertpapiere, Schmuck, Immobilien, Wertsachen)
- Werde ich meinen Ruhestand gelassen – ohne Geldsorgen – genießen können?

Konzentrieren Sie sich nun auf das Wesentliche. Fragen Sie sich und beantworten Sie sich schriftlich:

Z 6. Welche Stärken habe ich? (Vergleichen Sie mit: G 34 und G 36.)

Z 7. Wo liegt mein momentaner Engpass? Was sind meine Schwächen?
(Vergleichen Sie auch mit: G 17, G 18, G 21, G 22, G 35, G 37, G 40.)

Z 8. Welche materiellen Wünsche möchte ich mir in meinem Leben noch erfüllen?

Z 9. Welche immateriellen (ideellen) Wünsche habe ich?

- Wie möchte ich wirklich sein?
- Wer möchte ich wirklich sein?

Z 10. Komme ich durch meine materiellen und immateriellen Wünsche meiner Vision näher?

- Wenn Sie das bejahen können, dann ist alles in Ordnung.

– Müssen Sie diese Frage verneinen, dann ändern Sie Ihre Wünsche oder Ihre Vision.

Z 11. Stimmen meine materiellen und immateriellen Wünsche mit meiner Mission überein?
– Können Sie die Frage bejahen, dann ist alles in Ordnung.
– Können Sie diese Frage nicht bejahen, dann stimmt etwas nicht mit Ihren Wünschen oder mit Ihrer Mission. Überprüfen Sie den Missklang.

Z 12. Vergleichen Sie nun Z 8 mit G 8 und G 44.
Stimmen Ihre Antworten überein? Klären Sie für sich:
Was bedeutet mir am meisten, was ist mir jetzt am wichtigsten?

Z 13. Was haben mir diese zwölf letzten Übungen gegeben?
– Welches neue Bewusstsein habe ich für mich erfahren?
– Habe ich mich schon dem Trichterkanal genähert? Halten Sie Ihren persönlichen Stand malerisch fest.
– Wie fühle ich mich jetzt?

Danke sagen

Der ist nie recht dankbar gewesen,
der aufhört danke zu sagen.
Kaiser Friedrich I.

Viele Menschen fordern von anderen, anstatt sich selbst oder andere zu fördern. In unserer Sprache wird das kleine, so wichtige Wort *bitte* immer häufiger (weil man von anderen etwas haben will) und *danke* immer seltener. Überdenken Sie nun die folgenden Aufgaben, horchen Sie in sich hinein, und handeln Sie Ihrer Lebens-Vision und Ihrer Lebens-Mission entsprechend (D 1, D 2 ...).

D 1. Meine erste und zweite Lebensperiode (Geburt bis zum 14. Lebensjahr)

- Welche Höhepunkte erlebte ich in meinen ersten beiden Lebensperioden?
- Wer hat mich in diesen beiden Perioden am meisten gefördert?
- Wem möchte ich heute dafür danken?
- Wie werde ich es tun? Mündlich oder schriftlich?
- Wann werde ich es tun?
- Kontrolle: Vorhaben durchgeführt am: ____________________
- Wie war das für mich? Welche Gefühle wurden wach?
- Wie reagierte der Angesprochene?
- Hat sich im Verhalten des Angesprochenen etwas verändert? Wenn ja, was?
- Wie wirkte es auf mich?

D 2. Meine dritte Lebensperiode (14. bis 21. Lebensjahr)

- Welche Höhepunkte erlebte ich in meiner dritten Lebensperiode?
- Wer hat mich in dieser Periode am meisten gefördert?
- Wem möchte ich heute dafür danken?
- Wie werde ich es tun? Mündlich oder schriftlich?

- Wann werde ich es tun?
- Kontrolle: Vorhaben durchgeführt am: ____________________
- Wie fühlte ich mich beim Aussprechen des Dankes?
- Wie reagierte der Angesprochene?
- Hat sich im Verhalten des Angesprochenen etwas verändert? Wenn ja, was?
- Wie wirkte es auf mich?

D 3. Meine vierte Lebensperiode (21. bis 28. Lebensjahr)
- Welche privaten Höhepunkte erlebte ich in meiner vierten Lebensperiode?
- Welche beruflichen Höhepunkte erlebte ich in meiner vierten Lebensperiode?
- Wer hat mich in dieser Periode am meisten gefördert?
- Welche angenehmen Erinnerungen werden wach?
- Wem möchte ich heute dafür danken?
- Wie werde ich es tun? Mündlich oder schriftlich?
- Wann werde ich es tun?
- Kontrolle: Vorhaben durchgeführt am: ____________________
- Was empfand ich beim „Danke-sagen"?
- Wie reagierte der Empfänger?
- Hat sich im Verhalten des Angesprochenen etwas verändert? Wenn ja, was?
- Wie wirkte es auf mich?

D 4. Meine fünfte Lebensperiode (28. bis 35. Lebensjahr)
- Welche privaten Höhepunkte erlebte ich in meiner fünften Lebensperiode?
- Welche beruflichen Höhepunkte erlebte ich in meiner fünften Lebensperiode?
- Wer hat mich in dieser Periode am meisten gefördert?
- Welche angenehmen Erinnerungen werden wach?
- Wem möchte ich heute dafür danken?
- Wie werde ich es tun? Mündlich oder schriftlich?
- Wann werde ich es tun?
- Kontrolle: Vorhaben durchgeführt am: ____________________

D 5. Was empfand ich beim „Danke-Sagen“?
- Wie reagierte der Angesprochene?
- Hat sich im Verhalten des Angesprochenen etwas verändert? Wenn ja, was?
- Wie wirkte es auf mich?

Je nachdem, in welcher Lebensperiode Sie sich gerade befinden, setzen Sie diese Übung nach demselben Schema auch für die übrigen Lebensperioden fort.

D 6. Meine sechste Lebensperiode (35. bis 42. Lebensjahr)

D 7. Meine siebente Lebensperiode (42. bis 49. Lebensjahr)

D 8. Meine achte Lebensperiode (49. bis 54. Lebensjahr)

D 9. Meine neunte Lebensperiode (54. bis 63. Lebensjahr)

D 10. Meine zehnte Lebensperiode (63. bis 70. Lebensjahr)

D 11. Meine elfte Lebensperiode (70. bis 77. Lebensjahr)

D 12. Meine zwöfte Lebensperiode (77. bis 85. Lebensjahr)

Notieren Sie sich allgemeine Bemerkungen zu dieser „Danke“-Übung und wiederholen Sie sie so oft, wie Sie es sich wünschen, jedoch mindestens einmal pro Jahr.

Periodenplan

Pläne sind die Träume der Verständigen.
Feuchtersleben

Nachdem Sie sich inzwischen eingehend Gedanken über Ihr Leben und über Ihre Zukunft gemacht haben, werden Sie nun damit beginnen, Ihren ersten konkreten Lebensplan zu schreiben. Ein wesentlicher Teil der Lebensplanung ist der Periodenplan (P 1, P 2 …). In welcher Lebensperiode leben Sie jetzt?
_______ Periode.

Nehmen Sie sich ein neues, leeres Blatt zur Hand. Oben links schreiben Sie: „Periodenplan“, oben rechts notieren Sie sich Ihre Lebensperiode, beispielsweise: „Siebente Lebensperiode“ gültig bis zum 15. Juni 2007 (dann wären Sie am 16. Juni 1958 geboren). Stimmt's? Schreiben Sie nun Ihren persönlichen Periodenplan:

P 1. Was werde ich in dieser Lebensperiode für meine Gesundheit tun?

- Ernährung (Esse und trinke ich richtig und auch das Richtige?)
- Entspannung (Kann ich mich wirklich entspannen? Atme ich richtig?)
- Bewegung (Bewege ich mich genügend in frischer Luft, täglich?)
- Erholung (Wie, wo und wann erhole ich mich?)
- Urlaub (Wie und wann plane ich meinen Urlaub?)
- Ärztliche (Vor)Untersuchungen (Was werde ich tun, damit ich gesund bleibe/werde?)
- Denke ich positiv? (Oder rede ich mir negative Dinge, z. B. Kranksein selbst ein?)
- Wie und womit schade ich meiner Gesundheit? (Was kann ich dagegen tun? Was will ich dagegen tun? Was werde ich dagegen tun?)

P 2. Was werde ich in dieser Lebensperiode für meine Familie tun?
- Lebenspartner
- Kinder
- Eltern
- Geschwister
- Großeltern
- Enkel

P 3. Wie werde ich meine Freundschaften pflegen?
- Mit wem möchte ich was tun?
- Mit wem werde ich etwas Gemeinsames unternehmen? Wann?

Bei Bedarf mehr Blätter anlegen.

P 4. Welche beruflichen Wünsche habe ich?
- Einkommen
- Karriere (Aufstieg)
- Arbeits- und Leistungseinsatz
- Arbeitsbedingungen
- Arbeitsumfeld
- ____________________________________

P 5. An welchen Aus- und Weiterbildungsmaßnahmen werde ich teilnehmen? (siehe auch: G 41)

P 6. Welche Vermögenswünsche (Besitz/Eigentum) möchte ich mir erfüllen?
- Immobilien
- Wertpapiere (Aktien, Obligationen, Fonds)
- Wertsachen (Schmuck, Gemälde, Münzen, Briefmarken usw.)
- Bargeld
- Lebens- und Rentenversicherung
- andere?

P 7. Welche Hobbys werde ich wie pflegen?

P 8. Was ist mein sehnlichster immaterieller (ideeller) Wunsch in dieser Periode?
– Wer möchte ich wirklich sein?
– Wie möchte ich wirklich sein?

P 9. Wie soll mein „Lebensstil" am Ende dieser Lebensperiode aussehen?
– Wer setzt mir die Messlatte für meinen Lebensstil?
– Will ich es wirklich so?
– Will ich anderen etwas beweisen? Wem besonders?
– Was will ich mir beweisen?
– „Mehr Schein als sein." Gilt das für mich?
Wenn ja, will ich das bis zum Ende dieser Lebensperiode verändern?
Wann werde ich damit beginnen?

P 10. Vergleich – Lebens-Mission (s. Seite 71)
Entsprechen meine Periodenwünsche meiner Mission?

Gesundheit:	O … ja	O … nein
Familie:	O … ja	O … nein
Freundschaften:	O … ja	O … nein
Beruf:	O … ja	O … nein
Aus- und Weiterbildung:	O … ja	O … nein
Vermögen/Eigentum:	O … ja	O … nein
Hobby:	O … ja	O … nein
Sehnlichster immaterieller Wunsch:	O … ja	O … nein
Lebensstil:	O … ja	O … nein

P 11. Vergleich – Lebens-Vision (s. Seite 72)
Komme ich durch meine Periodenwünsche meiner Vision näher?

– Gesundheit:	O … ja	O … nein
– Familie:	O … ja	O … nein
– Freundschaften:	O … ja	O … nein

– Beruf:	O … ja	O … nein
– Aus- und Weiterbildung:	O … ja	O … nein
– Vermögen/Eigentum:	O … ja	O … nein
– Hobby:	O … ja	O … nein
– Sehnlichster immaterieller Wunsch:	O … ja	O … nein
– Lebensstil:	O … ja	O … nein

Für die folgenden Lebensperioden stellen Sie sich wieder dieselben Fragen. Ihre Antworten werden ganz sicher anders ausfallen. Daraus erkennen Sie Ihre perönliche Weiterentwicklung.

Jahresplan

Wer nicht voran geht, geht rückwärts.
Matthias Claudius

Nachdem Sie den Periodenplan formuliert haben, schreiben Sie nun Ihren persönlichen Jahresplan.

Was möchten Sie bis zum Ende dieses Jahres noch erreichen?

J 1. Jahresplan für das Jahr: 20 ___ Datum: ____________

Ich werde meine Lebensanalyse lesen, überdenken und gegebenenfalls überarbeiten.

Lebensanalyse „Was war?“	am: ______	Kontrolle: Erledigt am: ______
Lebensanalyse „Was ist?“	am: ______	Kontrolle: Erledigt am: ______
Lebens-Mission	am: ______	Kontrolle: Erledigt am: ______
Lebens-Vision	am: ______	Kontrolle: Erledigt am: ______
Lebensanalyse „Was wird?“	am: ______	Kontrolle: Erledigt am: ______
Wem habe ich zu danken?	am: ______	Kontrolle: Erledigt am: ______
Periodenplan	am: ______	Kontrolle: Erledigt am: ______
Vorjähriger Jahresplan	am: ______	Kontrolle: Erledigt am: ______

J 2. Was werde ich bis Ende d. J. für meine Gesundheit tun?

- Ernährung
- Entspannung
- Bewegung, Sport, Gymnastik
- Erholung
- Urlaub
- Ärztliche (Vor)Untersuchungen

____

J 3. Was werde ich bis Ende d. J. für meine Familie tun?

- Lebenspartner
- Kinder
- Eltern

– Geschwister
– Großeltern
– Enkel
– ___________________________________

J 4. Wie werde ich meine Freundschaften pflegen?
– Mit wem werde ich was wann tun?
– ___________________________________
(Bei Bedarf mehr Blätter anlegen.)

J 5. Welche beruflichen Wünsche habe ich?
– Einkommen
– Karriere (Aufstieg)
– Arbeits- und Leistungseinsatz
– Arbeitsbedingungen
– Arbeitsumfeld/Betriebsklima
– andere: ___________________________

J 6. An welchen Aus- und Weiterbildungsmaßnahmen werde ich noch teilnehmen? (Siehe auch: G 41)

J 7. Welche Vermögenswünsche (Besitz/Eigentum) möchte ich mir erfüllen?
– Immobilien
– Wertpapiere (Aktien, Obligationen, Fonds usw.)
– Wertsachen (Münz-, Briefmarkensammlung, Schmuck, Gemälde, Teppiche usw.)
– Bargeld
– Lebens- und Rentenversicherung
– andere: ___________________________

J 8. Welche Hobbys werde ich wie pflegen?

J 9. Mein sehnlichster immaterieller (ideeler) Wunsch bis Ende dieses Jahres:
– Wer möchte ich wirklich sein?
– Wie möchte ich wirklich sein?

J 10. Mein „Lebensstil“:

- Wer setzt mir die Messlatte für meinen Lebensstil?
- Will ich es wirklich so?
- Will ich anderen etwas beweisen? Wem besonders?
- Was will ich mir selbst beweisen?
- „Mehr Schein als sein.“ Gilt das für mich?
- Wenn ja, will ich das bis zum Ende d. J. verändern?
- Wann werde ich damit beginnen? Siehe „Zielformulierungen“ (s.o.)

J 11. Vergleich – Lebens-Mission (s. Seite 71)

Entsprechen meine Jahreswünsche meiner Mission?

– Gesundheit:	O … ja	O … nein
– Familie:	O … ja	O … nein
– Freundschaften:	O … ja	O … nein
– Beruf:	O … ja	O … nein
– Aus- und Weiterbildung:	O … ja	O … nein
– Vermögen/Eigentum:	O … ja	O … nein
– Hobby:	O … ja	O … nein
– Sehnlichster immaterieller Wunsch:	O … ja	O … nein
– Lebensstil:	O … ja	O … nein

J 12. Vergleich – Lebens-Vision (s. Seite 72)

Komme ich durch meine Jahreswünsche meiner Vision näher?

– Gesundheit:	O … ja	O … nein
– Familie:	O … ja	O … nein
– Freundschaften:	O … ja	O … nein
– Beruf:	O … ja	O … nein
– Aus- und Weiterbildung:	O … ja	O … nein
– Vermögen/Eigentum:	O … ja	O … nein
– Hobby:	O … ja	O … nein
– Sehnlichster immaterieller Wunsch:	O … ja	O … nein
– Lebensstil:	O … ja	O … nein

J 13. Welche regelmäßig wiederkehrenden Aufgaben muss ich jährlich einmal erledigen?

J 14. Welche regelmäßig wiederkehrenden Aufgaben muss ich monatlich erledigen?

J 15. Welche regelmäßig wiederkehrenden Aufgaben muss ich wöchentlich erledigen?

J 16. Welche regelmäßig wiederkehrenden Aufgaben muss ich täglich erledigen und wieviel Zeit benötige ich für jede dieser Aufgaben?

Und wie geht es weiter?
Legen Sie nach diesem Vorbild nun für jedes Jahr neue Blätter an. Die Jahreswünsche werden monatlich kontrolliert. Wählen Sie dazu ein spezielles Datum, Ihren Geburtstagstag oder den Ihres Lebenspartners oder den letzten Tag eines Monats. Indem Sie die Jahrespläne überprüfen, schreiben Sie sich gleichzeitig den Monatsplan, indem Sie die Vorhaben im Tageskalender oder im Zeitplanbuch terminieren (schriftlich festhalten). Der Monatsplan wird nun am Ende jeder Woche kontrolliert. Erledigtes wird abgehakt oder durchgestrichen, nicht Erledigtes wird übertragen oder neu terminiert, beispielsweise auf Wiedervorlage gelegt. Der Wochenplan wiederum wird wie der Tagesplan am Ende eines jeden Tages überprüft. Wieder wird Erledigtes abgehakt oder durchgestrichen, nicht Erledigtes wird übertragen oder neu terminiert. Das mag für den einen oder anderen Leser im Augenblick kompliziert und zeitraubend klingen. Doch genau das Gegenteil ist der Fall. Sobald man sich an das System gewöhnt hat, erkennt man die vielen Vorteile. Erstens: Man spart eine Menge Zeit und zweitens weiß man, dass man nichts vergessen hat. Alles ist geordnet und schriftlich festgehalten. Halten Sie sich an den Spruch: *Lieber tagesfertig als am Ende des Arbeitstages fix und fertig.* So wissen Sie, dass Sie den Tag vollendet abgeschlossen haben und sich auf Ihren wohlverdienten Feierabend freuen können. Sie können nachts ruhiger schlafen, wachen am Morgen ausgeruhter auf, sind neugierig auf den neuen Tag. Das alles ist möglich, denn die Gelassenheit ist inzwischen Ihr Lebensfreund geworden.

Wunscherfüllungsplan

Wünsche sind die Vorboten meiner Fähigkeiten.
Johann Wolfgang von Goethe

Ein Mensch, der große Wünsche hat, vorausgesetzt er ist seelisch und geistig normal entwickelt, hat folgerichtig große Fähigkeiten. Dem Menschen, der wunschlos glücklich ist, fehlt es oft an Selbstvertrauen und Selbstsicherheit, er hindert sich selbst daran, im Leben voranzukommen.

Wünsche sind heißbegehrt, Wünsche werden geliebt, ja man träumt sogar von seinen Wünschen. An der Erfüllung von Wünschen arbeitet man mit Lust, mit Freude und Zuversicht. Je stärker der Wunsch, desto stärker wird seine Erfüllungskraft. Gustav Großmann, der Erfinder der Großmann-Methode, schreibt in seinem Buch „Die Welt der Könner", Seite 159: „Der Könner wird nur das erstreben, wozu ihn der Wunschtraum seines Herzens lockt! Er kann nur an Aufgaben arbeiten, die aus dem Wunschland seiner Seele kommen, die ihn locken innerlich. So ist er für seine Aufgabe begeistert, und die Arbeit an ihr ist ihm Freude und Glück. Jede geglückte Wunscherfüllung stärkt den Glauben an die Erfüllungskraft unserer Wünsche und fördert so die Erfüllung weiterer Wünsche."

Wünsche haben allerdings nur dann eine Chance, sich zu erfüllen, wenn sie optimistisch, positiv und fördernd sind. Wünsche werden sich erfüllen, wenn sie der eigenen Mission und Vision entsprechen und wenn sie einen Vorteil oder Nutzen bieten, für sich oder auch für andere Menschen. Der in uns wohnende „kleine Professor" beherrscht die Kraft des positiven Denkens und entwickelt unvorstellbare Energien, wenn man ihm die Gelegenheit dazu gibt, d.h. Ruhe, Entspannung und Zeit.

Ein Wunscherfüllungsplan besteht aus den folgenden zwölf Schritten:

1. Wunsch	Welchen Wunsch möchte ich mir erfüllen?
2. Zielformulierung	Wie formuliere ich daraus mein Ziel mit Aroma?
3. Ist-Zustand	Wie sieht es im Augenblick auch? (sachlich/menschlich)
4. Vorhandene Mittel	Welche Mittel habe ich, um mein Ziel zu erreichen?
4.1. Sache	Welche sachlichen Mittel stehen mir bereits zur Verfügung?
4.2. Mensch	Welchem Menschen kann ich mich anvertrauen?
5. Soll-Zustand	Wie sieht die ideale Wunscherfüllung aus?
6. Stärken	Welche Stärken habe ich, um mein Ziel zu ereichen?
7. Schwächen	Welche Gefahren, Risiken bestehen, dass ich mein Ziel nicht erreiche?
8. Fehlende Mittel	Welche Mittel fehlen mir, um mein Ziel zu erreichen?
8.1. Sache	Welche sachlichen Mittel fehlen mir im Augenblick?
8.2. Mensch	Welchen Menschen hätte ich jetzt nötig, der mir helfen kann?
9. Schwächen/ Stärken Wandel	Was werde ich tun, um aus den Schwächen Stärken zu machen?
10. Maßnahmen	Welche Maßnahme muss ich wann treffen, um zum Erfolg zu kommen?
11. Selbstkontrolle, -reflexion	Habe ich wirklich alles getan, was ich mir vorgenommen habe?
12. Wunscherfüllung	Wie kann ich meine Freude ausgiebig genießen?

Bevor Sie sich Ihrem ersten Wunscherfüllungsplan widmen, einige wenige Gedanken zum Planen selbst. Am Arbeitsplatz (Wirtschaftsleben oder Schule) gilt die Regel: Je intensiver die Planung, desto kürzer die Durchführungszeit.

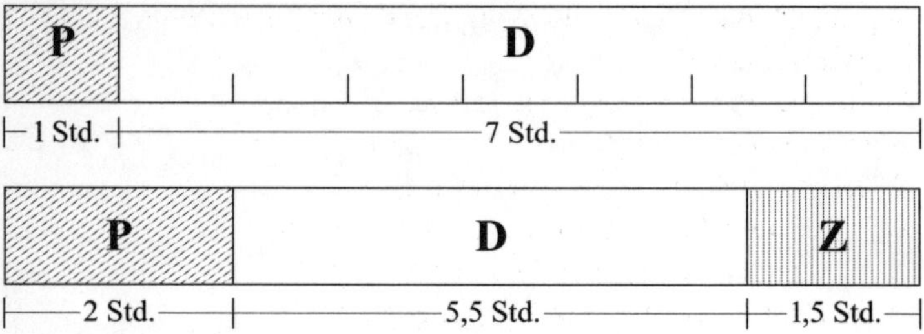

P = Planung D = Durchführung Z = Zeitgewinn

In der Führungslehre heißt es: Je autoritärer ein Vorgesetzter befiehlt, desto mehr Widerstand erzeugt er bei seinen Mitarbeitern, d. h. die Durchführungszeit erhöht sich erheblich. Je kooperativer der Vorgesetzte mit seinen Mitarbeitern das neue Vorhaben plant, desto kürzer ist die Durchführungszeit.

Also: Das Planen wird überall dort genutzt, wo man erfolgreicher sein möchte. Und jetzt wünsche ich Ihnen den Erfolg, den Sie sich wünschen. Beginnen Sie nun zu antworten:

1. Welchen Wunsch möchte ich mir erfüllen?

2. Formulieren Sie daraus Ihr Ziel mit Aroma.

Möchte man sich einen Wunsch erfüllen, muss man ihn zuerst einmal in ein Ziel umwandeln. Und ein Ziel kann nur erreicht werden, wenn es richtig formuliert ist. In diesem Abschnitt geht es um die richtige Zielformulierung.

Denken Sie noch einmal zurück an das Vorwort mit der Geschichte vom Seepferdchen. Wer sein Leben nicht plant, wird weniger erfolgreich sein als derjenige, der sein Leben plant.

Der Lebenserfolg hängt direkt mit jeder Wunscherfüllung oder Zielerreichung zusammen. Während der Ausdruck eines Wunsches

noch vage und ungenau sein mag, muss man ein Ziel klar und eindeutig formulieren. Erst danach begibt man sich auf den Weg zum Ziel. Es geht dabei um die genauen Inhalte, das systematische, logische und methodische Vorgehen und schließlich um die Kontrolle:
Habe ich mein Ziel erreicht?
Wenn „ja", dann hat man einen Grund zum Jubeln und darf seine Freude genießen!
Wenn „nein", dann fragt man sich:
Woran mag es gelegen haben?
Welche(n) Fehler habe ich gemacht?
Wann und wo habe ich diesen Fehler gemacht?
Bin ich imstande, diese Fehler auszumerzen?
Worauf muss ich in Zukunft mehr achten?
Was muss ich beim nächsten Mal besser, anders machen?

Die AROMA-Formel

In den seltensten Fällen wissen die Menschen, was sie wirklich wollen, selbst, wenn sie sagen, sie wüssten es. Deswegen nun ein Hinweis, wie klare und eindeutige Ziele einfach formuliert werden. Es gibt eine kleine Formel, mit deren Hilfe jeder überprüfen kann, ob seine Zielformulierung Aussicht auf Erfolg hat oder nicht. Merken Sie sich den Satz: Ziele müssen „Aroma" haben.

Was bedeutet das? A – R – O – M – A steht für …

A = Aktiv
Das Ziel muss aktiv formuliert sein.
D. h.: Keine Passivform, wie … mir wurde geholfen.
Keine Möglichkeitsform, wie … wäre, könnte, würde usw.
Keine entpersonifizierten Aussagen, also keine „wir-", „man-" oder „es-"Formulierungen (dafür eine klare Ich-Position).

R = Realistisch
Das Ziel muss realistisch (machbar und durchführbar) sein. (Grandiose Ziele sind unrealistisch und sind deswegen undurchführbar.)

O = Optimistisch
Das Ziel muss optimistisch (positiv) formuliert sein.

M = Messbar

Ein Ziel muss messbar und kontrollierbar sein, auch auf dem Weg zur Zielerreichung und das zu jeder Zeit.

A = Annehmbar

Ein Ziel muss ethisch und moralisch annehmbar (akzeptabel) sein.

Zum besseren Verständnis folgen nun einige Beispiele:

Beispiel 1:
Ziel: Ich würde mir auch gern so ein großes Auto kaufen.
Ist das eine Zielformulierung?

A = aktiv?	Nein („würde" = Möglichkeitsform)
R = realistisch?	Vielleicht ja, man kennt den Sprecher nicht.
O = optimistisch?	Ja
M = messbar?	Nein („so ein großes Auto", was ist das? Es ist nicht messbar.)
A = akzeptabel?	Vielleicht ja? Man kennt den Sprecher nicht.

Dies ist keine Zielformulierung. Das Ziel wird nicht erreicht werden.

Beispiel 2:
Ziel: Am 1. März 2004 wird mein Sparvertrag fällig. Ich kaufe mir davon ein neues Auto mit einer 2,0 l Maschine. Ich gebe nicht mehr als 25.000 EURO aus.

A = aktiv?	Ja
R = realistisch?	Ja
O = optimistisch?	Ja
M = messbar?	Ja
A = akzeptabel?	Ja

Das ist eine Zielformulierung mit „Aroma" und deshalb erfolgversprechend.

2.1. Die Arten der Ziele

Man unterscheidet drei verschiedene Arten von Zielen:

2.1.1. *Standardziele*

Diese richten sich auf den Erhalt und auf die Absicherung des bisher Erreichten.

Beispiel 1:
Ziel: Man sollte im kommenden Jahr wieder so viel verdienen wie im letzten Jahr.
Überprüfen nach Aroma:
A = aktiv? Nein („man“ = entpersonifiziert, „sollte“ = Möglichkeitsform)
Dies ist keine Zielformulierung. Das Ziel wird höchstwahrscheinlich nicht erreicht werden.

Beispiel 2:
Ziel: Ich werde im kommenden Jahr wieder 45.000,- EURO verdienen.
Überprüfung:
A = aktiv? Ja
R = realistisch? Ja
O = optimistisch? Ja
M = messbar? Ja
A = akzeptabel? Ja
Zielformulierung ist richtig. Das Ziel kann erreicht werden.

2.1.2. *Leistungsziele*
Diese richten sich darauf, das Erreichte zu verändern oder zu verbessern.

Beispiel 1:
Ziel: Im folgenden Jahr würde ich gern so ungefähr die Hälfte meines Nettogehaltes sparen. Dann könnte man sich in zwei Jahren vielleicht eine Weltreise leisten. Überprüfen:
A = aktiv? Nein („würde“, „könnte“ = Möglichkeitsform; entpersonifiziertes „man“)
R = realistisch? Nein (50% erscheint zu viel zu sein)
O = optimistisch? Ja
M = meßbar? Nein (was heißt „ungefähr die Hälfte“, „Nettogehalt“ aus welchem Jahr?, „vielleicht“ = eine vage, nicht messbare Aussage)
A = akzeptabel? Ja
Die Zielformulierung hält der Überprüfung nicht stand. Das Ziel wird nicht erreicht werden.

Beispiel 2:
Ziel: Der Meier soll sich endlich das Genick brechen!
Das Ziel wird nicht erreicht werden! Es ist ein pessimistischer Wunsch, nicht messbar und ethisch nicht vertretbar!

Beispiel 3:
Ziel: 15. Jan.: Von meinem Nettolohn (mtl. 3000,– EURO) werde ich mtl. 300,– EURO sparen. Am 16. Jan. zahle ich die erste Rate auf das Sparkonto ein. Dann habe ich am Ende d. J. incl. Zinsen mehr als 3600,– EURO. Überprüfen:
A = aktiv? Ja
R = realistisch? Ja
O = optimistisch? Ja
M = messbar? Ja
A = akzeptabel? Ja
Die Zielformulierung hat Aroma. Das Ziel ist klar umrissen, es kann erreicht werden.

2.1.3. *Innovationsziele*
Diese richten sich auf echte Neuerungen, losgelöst von allem Bisherigen.

Beispiel 1:
Ziel: Ich werde mich im kommenden Jahr von Ballast befreien. Ich werde den Dachboden bis zum 31. März aufräumen und alles aussortieren, was ich nicht brauche. In den Monaten Juni, Juli und August gehe ich auf mindestens vier Flohmärkte, um die Sachen zu verkaufen. Ich möchte mir dabei 1000,– EURO zusätzlich verdienen. Überprüfen:
A = aktiv? Ja
R = realistisch? Ja
O = optimistisch? Ja
M = messbar? Ja
A = akzeptabel? Ja
Das Ziel kann erreicht werden, die Zielformulierung hat Aroma.

Zusammenfassung:
Wünsche werden zu Zielen, indem man sie schriftlich mit Aroma formuliert. Systematisch beginnt man mit seinen Standardzielen, dann widmet man sich seinen Leistungszielen und in der folgenden Phase, wenn es erforderlich oder wünschenswert ist, wendet man sich seinen Innovationszielen zu.

Notieren Sie: Wie lautet meine Zielformulierung?

Nachdem Sie nun wissen, wie Sie aus einem Wunsch ein Ziel machen und wie ein Ziel formuliert wird, geht es in der Folge um die Durchsetzung auf dem Weg zur Zielerreichung. Sie sind nun bald am Ende Ihrer Reise und mögen sich fragen: Wie erreiche ich mein Ziel? Wie konzentriere ich meine Kräfte?

3. Ist-Zustand

Beschreiben Sie den Ist-Zustand, so wie er im Augenblick ist, sachlich und menschlich. In dieser Phase gibt es noch keine grammatikalischen Vorgaben. Drücken Sie sich aus, wie Sie es wollen.

4. Vorhandene Mittel

Welche Mittel stehen mir bereits heute zur Verfügung, um mein Ziel zu erreichen? Unterscheiden Sie zwischen:

4.1. Sachliche Mittel
Das sind: Gegenstände, Materialien, Werkzeuge, Geräte, Hilfsmittel, Ausstattungen, Instrumente, Utensilien, Maschinen, Bücher, Institutionen, Quellen.

Schreiben Sie alles auf, auch die kleinste Kleinigkeit. Gerade sie mag u. U. von besonderer Bedeutung sein. Man weiß nie.

4.2. Menschliche Unterstützung
Darunter versteht man: Lebenspartner, Freunde, Bekannte, Vorgesetzte, Mitarbeiter von Unternehmen (Banken, Versicherungen, Berater, Bau- oder Softwareunternehmen usw.), Mitarbeiter von Geschäften (Einzel-/Großhandel, Im- und Export), Handwerker, also: das Gespräch von Mensch zu Mensch.

Mit welcher menschlichen Unterstützung kann ich heute rechnen, um mein Ziel zu erreichen? Wer kann mir helfen? Wer kann mich fördern? Wem kann ich mich anvertrauen?

5. Soll-Zustand

Wie sieht die ideale Wunscherfüllung aus? Beschreiben Sie den fix und fertigen Soll-Zustand Ihres Wunsches. Schießen Sie ein Foto von dem erreichten Ziel und beschreiben Sie alles, so wie Sie es sehen. Ihrer persönlichen Vorstellungskraft sind keine Grenzen gesetzt. Beschreiben oder malen Sie Ihr Traumbild in den schönsten Farben mit Worten oder auch als Zeichnung. Lassen Sie Ihrer Phantasie freien Lauf. Drücken Sie Ihren Rausch und Ihr Glücksempfinden aus. Schreiben Sie alles, was Sie beseelt, so genau wie möglich. Ihr „kleiner Professor" wartet förmlich darauf, seine Denkprozesse für Sie in Bewegung setzen zu dürfen. Dabei ist eines ganz ganz wichtig! Schreiben Sie in der aktiven Gegenwartsform.

Unser „kleiner Professor" versteht und begreift …

a) … nur die aktive Gegenwart: Ich erlebe, ich bin bereits, ich tue, ich sehe, ich höre, ich fühle, ich spreche, ich … usw. Er kann mit der grammatischen Vergangenheits- oder Zukunftsform nichts anfangen.

b) … nur die aktive Sprachform (Tatform)
Ausdrücke in der Passiv-Form (Leideform), wie: „Ich werde geschlagen", „Ich werde angerufen" vesteht er nicht.

c) … nur die aktive Realform (ich bin, ich darf, ich kann, ich will, ich komme, ich gehe, ich lese usw.)
Er kennt keine Möglichkeitsform (sollte, wollte, müsste, dürfte, könnte, wäre, hätte, würde usw.)

d) … nur die positive, gesunde Ich-Form (Ich möchte mein Ziel erreichen.)

Er begreift die ungesunde Ich-Form nicht, wie „Ich bin besser als Du."
Er weiß nicht, wer mit „wir", „man" oder „es" gemeint ist.

e) … nur optimistische Gedanken, Wünsche und Zielformulierungen.
Werden pessimistische Gedanken geäußert, schließt er seine Ohren.

Achten Sie beim Gestalten des Textes ganz besonders auf diese fünf Punkte. Wird hier ein Fehler gemacht, dann ist die Zielerreichung und die Wunscherfüllung bereits in Frage gestellt.

6. Stärken

Welche Stärken habe ich, um mein Ziel zu erreichen? Aus der Lebensanalyse „Was ist?" (G 34, G 36, G 39) wissen Sie, über welche persönlichen Stärken Sie verfügen. Fragen Sie sich im Hinblick auf Ihr Ziel:

6.1. Welches Wissen besitze ich?
6.2. Welche positiven Veranlagungen prägen mich?
6.3. Welche Kenntnisse habe ich?
6.4. Welche Erfahrungen bringe ich mit?
6.5. Welche Fertigkeiten zeichnen mich aus?
6.6. Welche Fähigkeiten schätzen andere an mir?
6.7. Welche Talente sind in mir?
6.8. Welche Qualifikationen habe ich?
6.9. Welche positiven Eigenschaften sind mein?
6.10. Welche Vielseitigkeiten besitze ich?
6.11. Welches Können bringt mir den Erfolg?
6.12. ______________________________

Zusammengefasst:
Ich verfüge über folgende Stärken, die mich befähigen und damit beflügeln, mein Ziel zu erreichen:

____

7. Schwächen

Welche Gefahren und Risiken bestehen, mein Ziel nicht zu erreichen? Aus der Lebensanalyse (G 35, G 40, G 41) kennen Sie auch Ihre Schwächen. Welche Ihrer Schwächen könnten Sie daran hindern, Ihr Ziel zu erreichen? Fragen Sie sich im Hinblick auf Ihr Ziel:

7.1. Welches Wissen fehlt mir?
7.2. Welche negativen Veranlagungen prägen mich?
7.3. Welche negativen Eigenschaften sind mir bekannt?
7.4. Welche Kenntnisse sind mangelhaft?
7.5. Welche Erfahrungen sind unzureichend?
7.6. Welche Fertigkeiten sind ungenügend?
7.7. Welche Fähigkeiten sind schlecht ausgeprägt?
7.8. Welche Risiken bestehen?
7.9. Welche Gefahren sind abzusehen?
7.10. Welche Sorgen, Ängste, Befürchtungen plagen mich?
7.11. Welche Schwierigkeiten können plötzlich ein- od. auftreten?
7.12. Was belastet mich?
7.13. Welche Hindernisse hemmen mich?
7.14. Was kann ich nicht?
7.15. Was kann ich nicht so gut?
7.16. ______________________________

Zusammengefasst:
Folgende Schwächen könnten verhindern, dass ich mein Ziel erreiche:

____

8. Fehlende Mittel

Welche Mittel fehlen mir im Augenblick noch, um mein Ziel zu ereichen?
8.1. Sachliche Mittel?
8.2. Menschliche Unterstützung?
Welchen Menschen hätte ich jetzt nötig, der mir helfen kann? Wer könnte mir helfen? Wer könnte mich fördern? Wem könnte ich mich anvertrauen?

9. Schwächen in Stärke verwandeln

Was muss ich tun, um aus meinen Schwächen Stärken zu machen?

Nun beginnen Sie, aus jeder Schwäche eine Stärke zu machen oder eine Schwäche so auszugleichen, dass Sie sie nicht mehr hindert, Ihren Wunsch zu erfüllen. Hinweis: Die meisten Schwächen sind nämlich in Wirklichkeit eingebildete Schwächen. Man glaubt von sich, man könne es nicht. Doch diese Einbildung ist in den meisten Fällen unrealistisch. Zu jedem Problem gibt es stets mehrere und verschiedene Lösungen. Zieht man rein rechnerisch von den Lösungen die Probleme ab, so verbleiben stets mehr Lösungen als Probleme. Es gibt, real betrachtet, also mehr Lösungen als Probleme. Andererseits braucht der Mensch Probleme. Einmal spürt er dadurch, dass er wichtig ist, dass er gebraucht wird, um das Problem zu lösen und auf der anderen Seite wird er dadurch aufgefordert, sich einem Problem zu stellen, sich damit aktiv auseinander zu setzen. Genau betrachtet sind Probleme die Würzmischung im Leben, ein Stück Lebensgestalter. Denn, jedes gelöste Problem macht einen Menschen glücklich, es vermittelt ihm Freude. Ist der Mensch auf dieser Welt, um vor sich hinzuleiden oder ist er da, um glücklich zu sein?

Also, freuen Sie sich das nächste Mal, wenn Sie auf ein Problem stoßen und sagen Sie sich: Hurra, da ist ein Problem. Ich werde gebraucht!

Wie können Sie Ihre Schwächen so ausgleichen, dass sie Sie nicht mehr behindern, Ihr Ziel zu erreichen?

Noch besser wäre es natürlich, wenn Sie jede Ihrer Schwächen in eine Stärke umwandeln könnten? Wie?

Schwachpunkt Nr. 1: ______________________________

Fragen Sie sich: Wenn ich es recht bedenke, …

… welchen *Vorteil* habe ich, wenn ich aus dieser Schwäche eine Stärke für mich mache?

… was kann ich aktiv tun, um die Wandlung zu vollziehen?

… was kann mir helfen, meine Schwäche auszugleichen?

… wer kann mir helfen, aus meiner Schwäche eine persönliche Stärke zu machen?
… was will ich nun aktiv tun?
… was kann mir dabei helfen?
. . . wer soll mir dabei helfen?
Will ich das tatsächlich?
Wann werde ich damit beginnen?
Was werde ich nun gezielt tun?

Risiko Nr. 2: ______________________________
Stellen Sie sich dieselben Fragen wie beim Schwachpunkt Nr. 1.

Gefahr Nr. 3: ______________________________
Verfahren Sie Punkt für Punkt wie beim Schwachpunkt Nr. 1. usw.
Legen Sie sich bei Bedarf für jeden Gefahrenpunkt (Nr. 4, 5, 6 usw.) ein eigenes Blatt an.

10. Maßnahmen

Was werde ich wann tun, um mein Ziel zu erreichen?
Welche Maßnahmen werde ich ergreifen, um aus jeder Schwäche eine Stärke zu machen?

Hinweis: Schreiben Sie exakt, in der Gegenwarts- und in der Aktivform. Ich mache …, ich rufe an …, ich schreibe an …, ich entwerfe …, ich spreche mit …, ich frage …" usw.

Alle Ideen werden nacheinander schriftlich festgehalten. Danach sortiert man sie nach der Wertigkeit. Was ist wichtig und eilig? (Sofort erledigen.) Was ist wesentlich und wichtig, aber nicht eilig? (Kann terminiert oder auf Wiedervorlage gelegt werden.) Was ist eilig, aber nicht wichtig? (Ist die Zeit vorhanden, umgehend erledigen oder aber jemanden beauftragen, der das für mich erledigen kann.) Was ist unwichtig? (Gehört in den Papierkorb.)

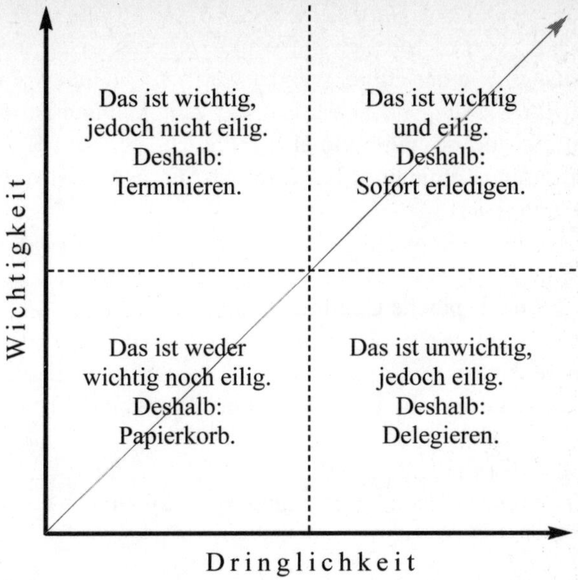

Dann nimmt man sich für jede Maßnahme ein neues Blatt, auf dem alles festgehalten wird, was zur Erledigung dieser Maßnahme erforderlich ist. Damit fördert man einerseits seine Kreativität und andererseits vergisst man nichts. Das sind zwei ganz entscheidende Vorteile, die leider viel zu viele gar nicht für sich nutzen. Vor allem die Besserwisser wissen mit dem Mund alles und erreichen in der Realität wenig. Sie haben jetzt das Wissen, nun liegt es an Ihnen, es auch zu nutzen.

Hinweis: Wenn Sie keine Maßnahmen ergreifen können, um aus einer Schwäche eine Stärke zu machen. Was dann? Siehe Seite 105 „Ein Mangel ist nicht auszugleichen“.

Der folgende Schritt: Alles, was durchführungsreif ist, wird nun im Terminkalender festgehalten oder in das Zeitplanbuch übertragen und nach der Erledigung kontrolliert.

Ein fest gebundener Kalender ist einem Zeitplanbuch (Lose-Blatt-Form) weit unterlegen. Deshalb empfehle ich allen Anwendern fest gebundener Jahreskalender die Anschaffung eines Zeitplanbuches. Suchen Sie sich ein wunderschönes Leder aus, das Ihnen zusagt, von der Farbe, von der weichen Qualität. Es soll in Zukunft Ihr Lieblingsbuch werden. Ein Zeitplanbuch ist methodisch aufgebaut, deshalb empfehle ich auch, vor dem Benutzen ein Einführungsseminar zu besuchen, damit sich die Investition schnell amortisiert.

Maßnahme Nr. 1: ______________________________ am: ____________
(Nach Terminabsprache Übertragung ins Zeitplanbuch)

Maßnahme Nr. 2: ______________________________ am: ____________
(Nach Terminabsprache Übertragung ins Zeitplanbuch)

Maßnahme Nr. 3: ______________________________ am: ____________
(Nach Terminabsprache Übertragung ins Zeitplanbuch)
usw.

Weitere Maßnahmen-Blätter legen Sie bitte bei Bedarf selbst an.

11. Selbstkontrolle, -reflexion

Habe ich wirklich alles getan, was ich mir vorgenommen habe?
Wenn ja, abhaken oder durchstreichen.
Wenn nein, neu terminieren.

Gibt es Durchführungsprobleme, dann müssen die Punkte 9. und 10. noch einmal durchdacht und überarbeitet werden.

Kontrollieren Sie jede Maßnahme gewissenhaft. Überprüfen Sie auch immer wieder, ob diese Maßnahmen Ihrer Mission und Vision entsprechen. Freuen Sie sich über jeden weiteren Schritt auf dem Weg zur Wunscherfüllung.

12. Wunscherfüllung

Haben Sie Ihr Ziel erreicht? Wenn ja, genießen Sie den Erfolg und die Freude. Womit wollen Sie sich belohnen?

Zur besseren Übersicht bzw. zur Vertiefung ein Organigramm:

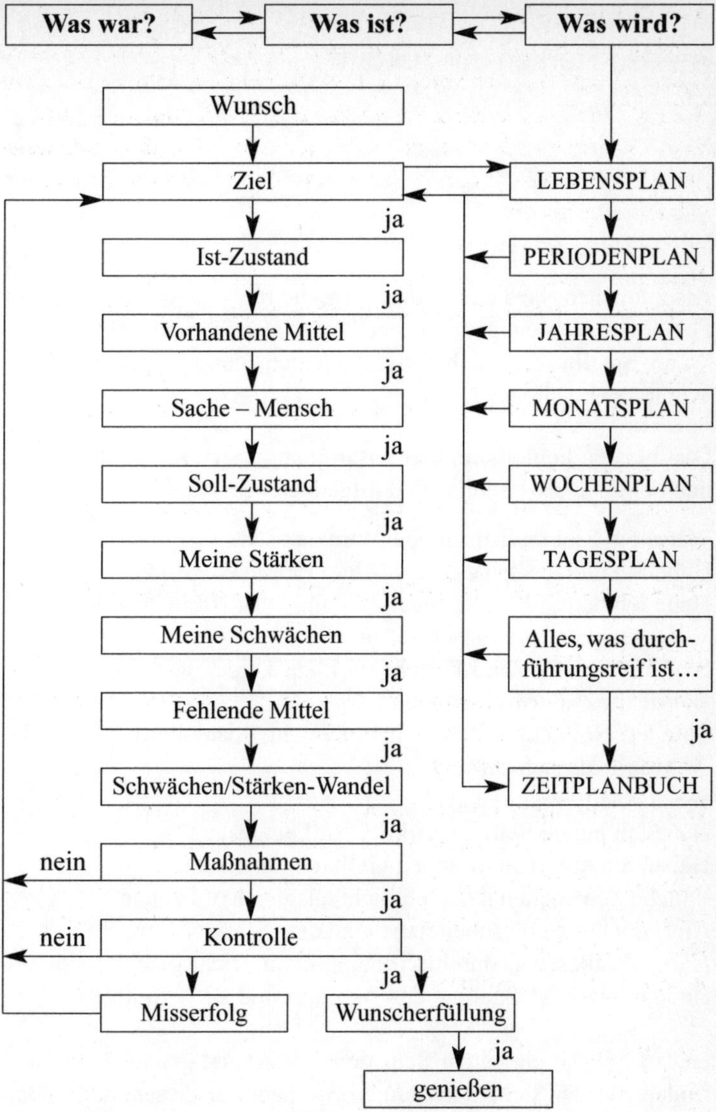

Nun kennen Sie den Weg zur inneren und äußeren Wohlstandsbildung. Machen Sie weiter so.

Aus Fehlern der Vergangenheit werden Stärken der Zukunft

Ohne unsere Fehler sind wir Nullen.
Arthur Miller

Misserfolg, was nun?

Also, machen Sie sich auf den Weg, die Nr. 1 zu werden. Aus den Fehlern der Vergangenheit macht man die Stärken der Zukunft. Wenn Sie Ihr Ziel nicht erreicht haben, dann fragen Sie sich: Woran mag es liegen?

Die meisten Fehler sind hier zusammengefasst. Kontrollieren Sie noch einmal gewissenhaft die folgenden Fragen:

War mein Ziel realistisch oder unrealistisch?
Habe ich meine vorhandenen Mittel richtig eingesetzt?
Habe ich den Soll- oder Ideal-Zustand wirklich in der Aktiv- und Gegenwartsform geschrieben?
Sind im Soll-Zustandsbericht wirklich keine „wir", „man" und/oder „es"-Formulierungen?
Sind im Soll-Zustandsbericht vielleicht Formulierungen in der Möglichkeitsform?
Welche Mittel fehlten mir?
Habe ich meine Stärken wirklich voll eingesetzt?
Haben ich meine Schwächen vielleicht unterschätzt?
Welche Schwächen habe ich nicht ausgleichen können?
Aus welchen Schwächen habe ich keine Stärken gemacht?
Habe ich alles, was durchführungsreif war, richtig übertragen?
Habe ich jede Maßnahme durchgeführt und auch kontrolliert?

Gehen Sie die einzelnen Schritte noch einmal genau durch, und finden Sie den Fehler. Beginnen Sie dann an dieser Stelle noch einmal, damit Sie Ihr Ziel im zweiten Anlauf erreichen. Doch fragen Sie sich vorher noch einmal ernsthaft: Will ich dieses Ziel wirklich erreichen? Ist es mir wirklich wichtig? Wenn es Ihnen beispielsweise unwichtig ist, warum sollten Sie es dann erreichen? Denn normalerweise erreicht man seine Ziele, wenn man sich an diese Methode hält.

Ein Mangel ist nicht auszugleichen

Damit das Mögliche entsteht,
muss immer wieder das Unmögliche versucht werden.
Hermann Hesse

Sollte es für Sie nicht möglich sein, aus einer Schwäche eine Stärke zu machen oder anders ausgedrückt, die Schwäche zu eliminieren, dann beginnen Sie, für diese spezielle Schwäche einen neuen Wunscherfüllungsplan zu schreiben. Machen Sie aus der Schwäche einen Veränderungswunsch. Formulieren Sie daraus ein Ziel, und schreiben Sie einen neuen Wunscherfüllungsplan.

Ein Beispiel:
Erwin konnte seine Wunscherfüllungspläne zwar gekonnt schreiben, doch nicht zum Erfolg führen. Stets blieb er auf halber Strecke stecken. Natürlich war er darüber unglücklich. Was war seine Schwäche Nr. 1? Trunksucht. Nun musste er aus der Schwäche Nr. 1 einen neuen Wunscherfüllungsplan schreiben.

Seine Zielformulierung war: „Ich möchte nicht mehr trinken." (Das bedeutet: Nicht mehr, aber auch nicht weniger!) Sein Wunsch konnte nicht in Erfüllung gehen. Später kam er zu mir. Während eines Beratungsgespräches formulierte er sein Ziel mit Aroma: „Ich werde mich noch in diesem Jahr einer Entziehungskur unterziehen."

In seinem Wunscherfüllungsplan konnte ich später lesen:
Punkt 4.2: Wer kann mir helfen? „Mein Hausarzt, Dr. Berger."
Punkt 10: Was werde ich wann tun? stand: „Ich habe bei Dr. Berger am 12. März um 8.00 Uhr ein Termin vereinbart. Ich werde meinen Hausarzt bitten, mir bei der Suche nach einer passenden Entziehungsklinik zu helfen."

Punkt 11: Habe ich den Hausarzt besucht? Zu welchem Ergebnis kam das Gespräch? Wann werde ich mit dem Entzug beginnen?

Erwin schrieb also einen neuen Wunscherfüllungsplan, der die „Wurzel allen Übels" anpackte und er hatte, was mich besonders freute, letztendlich Erfolg.

Das Erfolgstagebuch

Nehmen Sie sich zum Schreiben Ihres persönlichen Erfolgstagebuches täglich zwei Minuten Zeit. Am besten, bevor Sie Ihre Tagesarbeit abschließen oder unmittelbar nachdem Sie Ihre Tagesarbeit abgeschlossen haben. Vielleicht werden Sie es eines Tages Ihr Glückstagebuch nennen, denn Sie werden so viel Gutes, Angenehmes und Anregendes niedergeschrieben haben, dass dieses Büchlein vielleicht eines Tages noch mal Ihre Lieblingslektüre wird.

Warum ist das so wichtig?
Viele Menschen neigen dazu, Negatives förmlich anzuziehen, um klagen zu können. Der Arbeitstag war so interessant, man erhielt viel Lob und Anerkennung, viele bedankten sich und dann kommt plötzlich eine negative Botschaft und alle positiven Erlebnisse sind mit einem Schlag wie weggewischt. Das muss doch nicht sein. Wer sich am Ende des Arbeitstages nur zwei Minuten Zeit nimmt, um den gesamten Tag zu überdenken, wird viele gute Dinge wiederentdecken, die zwischenzeitlich vielleicht schon überdeckt oder gar schlichtweg vergessen waren.

Fragen Sie sich:
Welche Erfolge habe ich heute gehabt?
Von wem bekam ich Lob und Anerkennung?
Wer lächelte mir zu?
Wer bedankte sich heute für meine Initiativen, für geleistete Arbeit?
Wem konnte ich danken? Wer freute sich über meine Aktivitäten?

Zusammenfassung:

Die Lebensanalyse und die Lebensplanung bauen logisch und methodisch aufeinander auf. Wenn man weiß, was man in der Vergangenheit erlebte und wie man in der Gegenwart lebt, dann weiß man auch, wie man sich seine Zukunft gestalten möchte, welche positiven und erfolgversprechenden Veränderungen man für sich herbeiführen möchte.

Beispiele aus der Praxis

Zum besseren Verständnis und zum Üben folgen nun einige praktisches Beispiele von Wunscherfüllungsplänen.

Beispiel Nr. 1

Ich erinnere mich an eine Seminarteilnehmerin – ich nenne sie Anna –, der es sehr wichtig war, ein Ziel in ihrer jungen Ehe zu erreichen, und sie schrieb folgenden Wunscherfüllungsplan:

1. Welchen Wunsch möchte ich mir erfüllen?

Ich möchte gern einmal pro Woche zur Gymnastik gehen, mich bewegen und auch andere Menschen kennen lernen.

2. Zielformulierung

Ich werde einmal pro Woche zur Gymnastik gehen.

3. Ist-Zustand

Momentan ist es so: Marius ist gerade mal drei Monate alt. Mein Mann arbeitet oft lange, und ich weiß nie, wann er abends nach Hause kommt. Ich möchte gerne etwas für mich tun, doch ich traue mich nicht. Ich habe Angst, mit Walter (Ehemann) darüber zu sprechen. Außerdem wohnen wir erst seit kurzem hier in Heppenheim, und ich kenne mich hier noch nicht aus. Ich habe tagsüber kaum Gesprächspartner. Ich habe keine Freundin. Ich fühle mich oft allein.

4. Vorhandene Mittel

4.1. Sachliche Mittel

4.1.1. Die Tageszeitung lesen, um zu schauen, wer wann welche Art von Gymnastik anbietet.

4.1.2. Das Telefonbuch, um nachzuschauen, ob es Gymnastikschulen oder ein Fitnesscenter im Ort gibt.

4.1.3. Ich habe einen Gymnastikanzug und die passenden Schuhe.

4.2. Menschliche Unterstützung. Mein Mann?

5. Soll-Zustand

Einmal pro Woche gehe ich am Abend zur Aerobic. Nette junge Frauen erwarten mich. Ich hüpfe und springe voller Freude, und ich fühle mich nach dieser Stunde so richtig wohl. Dort lerne ich auch Gleichgesinnte kennen. Eine ist in der Gruppe, mit der ich mich anfreunde. Auch sie ist eine junge Mutter. Wir treffen uns zweimal am Vormittag, um mit unseren Kindern gemeinsam spazieren zu gehen. Dabei tauschen wir viele Gedanken und Erfahrungen miteinander aus. Ich lerne mehr von dieser Stadt und von dieser Gegend kennen. Ich fühle mich immer wohler.

6. Meine Stärken

6.1. Ich kann lesen und telefonieren.

6.2. Ich liebe Gymnastik, besonders Aerobic.

6.3. Ich liebe meine Familie über alles und tue auch alles für sie.

7. Meine Schwächen

7.1. Ich weiß nicht, ob es hier Angebote gibt.

7.2. Ich traue mich nicht, mit meinem Mann darüber zu sprechen.

7.3. Können wir uns das überhaupt finanziell leisten?

8. Fehlende Mittel

8.1. Sachliche Mittel

8.1.1. Wie teuer wird der Monatsbeitrag sein?

8.2. Menschliche Unterstützung (wer könnte mir behilflich sein?)

8.2.1. Meine Vermieterin?
8.2.2. Mein Mann?

9. Schwächen in Stärken verwandeln

9.1. Ich werde überprüfen, ob es hier Gymnastik-Angebote gibt.
9.2. Wenn ich alle Informationen habe, dann spreche ich mit meinem Mann.

10. Maßnahmen

Was werde ich wann tun?

10.1. Ich schaue Montag ins Telefonbuch, ob es Gymnastikschulen gibt.
10.2. Wenn ja, rufe ich dort an und erkundige mich nach den Terminen und Kosten.
10.3. Ich frage die Vermieterin, ob sie hier eine Gymnastik-Schule kennt.
10.4. Wenn ja, rufe ich dort an und erkundige mich nach den Terminen und Kosten.
10.5. Ich spreche mit Walter, sobald ich über die Termine und Kosten informiert bin.
11. Selbstkontrolle, -reflexion:
11.1. Habe ich im Telefonbuch etwas gefunden und angerufen?
11.2. Habe ich mit meiner Vermieterin gesprochen?
11.3. Habe ich alle erwünschten Informationen erhalten?
11.4. Habe ich mit Walter gesprochen?

12. Wunscherfüllung

Ja! Walter ist einverstanden. Wir können es uns finanziell leisten, und er wird am Donnerstagabend, meinem Gymnastik-Abend, früher Feierabend machen und auf Marius aufpassen. Ich bin glücklich und zufrieden.

Ergebnis:

Anna hatte schon innerhalb von zwei Wochen ihr Ziel erreicht. Im Grunde genommen ist es ja ein ganz einfacher Wunscherfüllungsplan, doch für Anna war es ein hartes Stück Arbeit. Das Gute daran: Sie war auf Anhieb erfolgreich. Das machte ihr Mut, weiterhin methodisch vorzugehen. Anna ist inzwischen eine erfolgreiche Frau und Mutter von drei Kindern. Sie plante auch weiterhin ihr Leben. Auch so manche Ehekrise konnte „methodisch" gut bewältigt werden.

Beispiel Nr. 2

Bernd ist seit einiger Zeit ein durchschnittlich verdienender Handelsvertreter. Er wollte mehr Erfolg im Leben haben. Er schickte mir folgenden Wunscherfüllungsplan zur kritischen Überprüfung.

„Ich möchte einerseits im Beruf erfolgreicher werden und andererseits möchte ich mir nun ein eigenes Haus kaufen, da die Miete hier immer mehr steigt und man mir nun auch noch eine Funkantenne aufs Dach bauen will. Ich weiß nicht, mit welchen gesundheitlichen Schäden man zu rechnen hat. Mein Wunsch lautet: Ein eigenes Haus mit Grund und Boden. Doch ich weiß nicht so recht, wie ich das anpacken soll."

Als ich seinen Wunsch las, fand ich einige Ungereimtheiten in der Formulierung. Ich bot ihm an, ein Seminar zu besuchen. Danach sah sein Wunscherfüllungsplan anders aus:

1. Mein Wunsch

Ich werde im Beruf erfolgreicher, genauer: Ich werde meine Kosten um 10% senken und meine Umsätze von Jahr zu Jahr um 6% steigern. Ich werde mir ein eigenes Haus kaufen, da die Miete immer mehr steigt und der Vermieter nun auch noch eine Funkantenne aufs Dach gebaut hat. Ich weiß, ich habe mit gesundheitlichen Schäden zu rechnen. Mein Wunsch lautet: Ein eigenes Haus mit Grund und Boden.

Aus diesem kompletten Wunsch entwickelte Bernd seine genau definierte Zielformulierung. (Was die Kostensenkung und die Umsatzerhöhung betrifft, so formulierte Bernd einen neuen, anderen Wunscherfüllungsplan.)

2. Mein Ziel

Ich werde mir auf dem Land in Norddeutschland mein Traumhaus kaufen.

3. Ist-Zustand

So ist es jetzt: Ich zahle monatlich 900,– EURO Miete. Hinzu kommen noch die Nebenkosten. Der Vermieter ließ auf dem Dach direkt über mir gegen meinen Willen eine Funkantenne bauen. Ich weiß nur, es soll gesundheitsschädlich sein. Ich spüre Unbehagen. Im Grunde genommen ist es egal, wo ich wohne, da ich freiberuflich tätig bin. Die meisten meiner Kunden sind inzwischen in Norddeutschland. Ich könnte mich ihnen räumlich nähern. Dadurch könnte ich Kosten sparen. Außerdem möchten meine Frau und ich nicht mehr in der Großstadt leben. Der Lärm, die Unruhe, das Hetzen und Jagen und die schlechte Luft, all das passt nicht mehr zu uns. Wir sind uns einig, wir müssen uns verändern.

4. Vorhandene Mittel

4.1. Sachliche Mittel:

4.1.1. Ich habe einen Bausparvertrag über 50.000,– EURO, der am 1. Febr. nächsten Jahres fällig wird.

4.1.2. Ich habe eine Lebensversicherung, die ich beleihen könnte. Würde ich sie mir auszahlen lassen, bekäme ich vielleicht 50.000,– EURO.

4.1.3. Die Abzahlungsrate pro Monat darf den Mietbetrag von 1.000,– EURO nicht überschreiten.

4.2. Menschliche Unterstützung:

4.2.1. Der Bankberater bei der Sparkasse.

4.2.2. Der Versicherungsmann.

4.2.3. Der Kunde Werner Freitag erzählte mir jüngst von seiner Strategie, wie er zu seinem Haus gekommen ist.

5. Soll-Zustand

Ich wohne gemeinsam mit meiner Frau in einem kleinen Dorf, nicht weit von der Autobahn entfernt und auch günstig gelegen, um den einen oder anderen Kunden mit dem Zug zu erreichen. Das Haus hat eine Größe von ca. 150 qm. Ich sehe vor mir ein schönes Wohnzimmer mit einem großen Fenster und einen Essplatz mit Blick in den Garten, eine kleine, gemütliche Küche, ein Schlafzimmer mit gegenüberliegendem Bad. Das Bad ist hell gekachelt. Ich sehe ein großes Waschbecken, darüber einen großen Spiegel mit indirekter Beleuchtung, die Badewanne und die Dusche. Ferner habe ich ein kleines Zimmer, um dort in Ruhe meine Arbeit machen zu können. Die Zimmer sind mit Parkett ausgelegt, die Küche hat einen PVC-Belag. Das Haus hat noch einen kleinen Keller und eine Garage mit Abstellraum für die Gartengeräte. Meine Frau liebt die Gartenarbeit auf dem ca. 1500 qm großen Grundstück mit vielen Blumen, Sträuchern und Bäumen. Wir beide sind glücklich, in dieser schönen Umgebung zu leben.

6. Meine Stärken

6.1. Ich weiß, was ich will.
6.2. Die finanzielle Lage müsste ausreichend sein.
6.3. Ich habe gelernt, wie Wunscherfüllungspläne formuliert und in die Tat umgesetzt werden.
6.4. Ich arbeite seit langer Zeit erfolgreich.
6.5. Ich weiß, wie ich eine Marktanalyse aufstelle, um den geeigneten Ort zu finden.
6.6. Ich kann Makler ausfindig machen, die mir bei der Suche helfen können.
6.7. Ich kann im Internet eine Anzeige aufgeben.
6.8. Mein kaufmännisches Denken und Handeln beflügelt mich.

7. Meine Schwächen

7.1. Ich finde nicht die Zeit, weil die Arbeit vorgeht.
7.2. Ich suche die falschen Ortschaften aus.
7.3. Die Hauspreise sind so hoch, dass ich mein Vorhaben nicht realisieren kann.
7.4. Ich arbeite mit den falschen Maklern zusammen.
7.5. Ich finde nicht die Zeit, um mir die Angebote richtig anzuschauen.

7.6. Ich verstehe nichts vom Hausbau. Man kann mich übers Ohr hauen.
7.7. Die Kundenstruktur wechselt vielleicht später von Nord nach Süd.
7.8. Ich bin von Natur aus geizig und möchte mein Geld nicht ausgeben, sondern lieber sparen.

8. Fehlende Mittel

8.1. Sachliche Mittel
8.1.1. Das erforderliche Kapital
8.1.2. Das richtige Angebot
8.2. Menschliche Unterstützung
8.2.1. Das Gespräch mit dem Berater der Sparkasse
8.2.2. Das Gespräch mit dem Versicherungsmann
8.2.3. Das Gespräch mit dem Kunden Freitag

9. Schwächen in Stärken verwandeln

9.1. Ich nehme mir die Zeit, die ich für die Planung brauche. Ich werde mir fortan den Freitagnachmittag, genau von 14.00 – 17.00 Uhr, für die Erarbeitung meines Wunscherfüllungsplanes freihalten.
9.2. Bis zum Ende dieses Monats finde ich heraus, wo die geeigneten Orte liegen könnten.
9.3. Bis Ende September weiß ich, zu welchen Preisen dort Häuser angeboten werden.
9.4. Bis Ende Oktober weiß ich, welcher Makler mir bis zu diesem Zeitpunkt welche Angebote unterbreitet hat.
9.5. Ich nehme mir die Zeit, weil mir meine Zukunft wichtig ist. Das erste Mal schaue ich mir ein Haus alleine an, weil ich es mit meiner Arbeit verbinden kann.
9.5.1. Das zweite Mal schaue ich mir das Haus gemeinsam mit meiner Frau an.
9.5.2. Das dritte Mal schaue ich mir das Haus mit einem Sachverständigen an.
9.6. Ich werde zwei neue Wunscherfüllungspläne aufzustellen.
9.6.1. Wie kann ich in Norddeutschland mehr Kunden gewinnen?

9.6.2. Wie kann ich meine Kosten um 10% senken und die Umsätze gleichzeitig um 6% steigern?

9.7. Wenn ich alle Informationen habe und mich dennoch unsicher fühle, werde ich mit meinem Freund Charly noch einmal alles genau durchsprechen.

10. Schritt: Was werde ich wann tun?

10.1. Am kommenden Freitag, dem 14. Juni, beginne ich um 14.00 Uhr mit der Analyse. Ich lasse mich durch niemanden stören. Telefonate nehme ich nicht an. Der Anrufbeantworter ist eingeschaltet. Jede Stunde mache ich eine Pause.

10.2. Ich rufe am Montag, dem 16. Juni, drei verschiedene Makler an.

11. Schritt: Selbstkontrolle, -reflexion

11.1. Kontrolle des Teilzieles Nr. 9.2. am 31. August.
11.2. Kontrolle des Teilzieles Nr. 9.3. am 30. September.
11.3. Kontrolle des Teilzieles Nr. 9.4. am 31. Oktober.
11.4. Kontrolle des Teilzieles Nr. 9.5.2. am 31. August.
11.5. Kontrolle des Teilzieles Nr. 9.6.1. am 31. Juli.
11.6. Kontrolle des Teilzieles Nr. 9.6.1. am 15. Oktober.
11.7. Kontrolle dieses Zieles am 31. Dezember. Wie weit bin ich?
Termine wurden im Kalender oder Zeitplanbuch festgehalten.

12. Schritt: Habe ich mir meinen Wunsch erfüllt?

Ja, heute weiß ich es. Bernd hat sich seinen Traum erfüllen können. Seit dem 1. Februar bewohnt er mit seiner Frau in der Nähe von Scheeßel sein neues Haus. Er bezahlte für das Grundstück 75.000,– EURO und für das 160 qm große Wohnhaus 125.000,– EURO, also zusammen 200.000,– EURO. Bei der Finanzierung wurden die Notarkosten und die Grunderwerbssteuer mit eingerechnet. Da er das Haus über die Sparkasse Scheeßel kaufte und finanzierte, entfielen die 5,5% Maklerkosten. Er zahlt nun pro Monat 917,13 EURO, wobei er am Ende des Jahres noch 1.278,23 EURO Eigenheimzulage von den monatlichen Raten abziehen kann.

Beispiel 3
Ein Beispiel für einen immateriellen Wunscherfüllungsplan:

1. Wunsch
Ich will nicht mehr so viel rauchen oder am besten ganz mit dem Rauchen aufhören.

2. Zielformulierung
Ich werde mich bis zum 31. Dez. vom Rauchen befreit haben.

3. Ist-Zustand
So ist es jetzt! Ich habe viel Angst zu versagen. Oft denke ich auch: „Die werden mich noch erwischen." Diese unterschwellige Angst zerstört mein Selbstbewusstsein. Durch den Zigarettengenuss zeige ich den anderen, was für ein toller Kerl ich bin. In der Vergangenheit hat das eigentlich alles ganz gut gewirkt, doch mittlerweile spüre ich, dass mir die 40 bis 60 Zigaretten pro Tag nicht mehr so gut bekommen. Hier und da beginne ich schon zu husten, wenn ich morgens wach werde. Nun bekomme ich auch noch Angst, krank zu werden. Ich bin in einer Zwickmühle. Die Angst macht mich noch verrückt.

4. Vorhandene Mittel
4.1. Sachliche Mittel:
4.1.1. Geld ist vorhanden, um das eine oder andere zu bezahlen.
4.2. Menschliche Unterstützung?
4.2.1. Ich kenne einen Psychotherapeuten, der mir vielleicht helfen könnte. Wenn ich alleine nicht zurechtkomme, werde ich ihn konsultieren.

5. Soll-Zustand
So soll es sein! Ich habe meine Sucht im Griff. Ich nehme meine Angst anders wahr und kann mit ihr kommunizieren. Ich fühle mich frei, unbeschwert und voller Selbstvertrauen. Ich bin ich.

6. Meine Stärken

6.1. Ich weiß eigentlich, was ich will.
6.2. Ich weiß, was ich mir zutrauen kann und was nicht.
6.3. Ich kann verzeihen.

7. Meine Schwächen

7.1. Ich kann meine Ängste nicht überwinden.
7.2. Vielleicht komme ich nicht hinter die Ursachen meiner Ängste.
7.3. Mein Selbstwertgefühl scheint nicht ausgeprägt zu sein.
7.4. Mein Selbstvertrauen ist nicht besonders stark.
7.5. Ich kann schlecht „nein" sagen.
7.6. Ich lasse mich immer wieder verführen, Dinge zu tun, die ich im Grunde gar nicht will.

8. Fehlende Mittel

8.1. Sachliche Mittel?
8.1.1. Besuch in der Apotheke. Gibt es Mittel zur Rauch-Entwöhnung?
8.2. Menschliche Unterstützung?
8.2.1. Ich bin mir noch der beste Freund.

9. Schwächen in Stärken verwandeln

9.1. Kommen die Gedanken: „Hoffentlich versage ich nicht", dann sage ich mir: „Ich mache es richtig. Ich machte es richtig, und ich werde es richtig machen."
9.2. Kommen die Gedanken: „Die werden mich noch erwischen", dann sage ich mir: „Ich habe nichts zu verbergen. Ich bin eine friedvolle Seele."
9.3. Ich lerne gezielt, ohne Schuldgefühle „nein" zu sagen. Ich sage mir: „Ich kann frei entscheiden. Ich fühle mich frei. Ich bin ich." oder: „Es ist in Ordnung, dass ich tue, was ich will."
9.4. Diese Affirmationen schreibe ich mir auf einen Zettel, den ich fortan immer bei mir tragen werde. Ich lese sie mir stündlich laut vor, bis sie mir in Fleisch und Blut übergegangen sind.

10. Maßnahmen:

Was werde ich wann tun?

10.1. In der Apotheke werde ich mich beraten lassen. Termin: 18. des Monats, während der Mittagspause!

10.2. Werde ich morgens wach, dann sage ich mir: „Ich möchte meiner Frau einen Dienst erweisen. Welchen Dienst kann ich ihr jetzt erweisen? Welchen Vorteil, welchen Nutzen hat sie durch mich?" Damit bekomme ich den nötigen Energieschub für den Tag.

10.3. Komme ich morgens ins Büro, so sage ich mir: „Ich möchte meiner Mitarbeiterin, Frau Fleißig, einen Dienst erweisen. Welchen Dienst kann ich ihr jetzt erweisen? Welchen Vorteil, welchen Nutzen hat Frau Fleißig, dass ich ihr Chef bin?" Damit stärke ich mein Selbstbewusstsein.

10.4. Werde ich von meinem Vorgesetzten gerufen, so sage ich mir: „Ich möchte Herrn Wohlfahrt einen Dienst erweisen. Welchen Dienst kann ich ihm jetzt erweisen? Welchen Vorteil, welchen Nutzen hat Herr Wohlfahrt durch mich?" Damit zeige ich meinem Chef Stärke und eine positive Ausstrahlung.

10.5. Ich werde in meinem Büro ab sofort nicht mehr rauchen. Ich gehe in den vorgeschriebenen Pausen in den Raucherklub. So werde ich den Verbrauch von derzeit 40 Zigaretten pro Tag auf 20 Zigaretten pro Tag reduzieren. Dieses Ziel werde ich am Ende dieses Monats noch einmal überprüfen.

10.6. Vom 1. 8. an werde ich eine Zigarette nach dem Frühstück, eine nach dem Mittagessen, eine Zigarette zum Nachmittagskaffee rauchen. Für den Abend lasse ich die Anzahl der Zigaretten noch offen.

10.7. Am 1. 9.: Sollte ich das alleine nicht schaffen, werde ich meinen Hausarzt aufsuchen und mit ihm über meine Sucht sprechen. Vielleicht gibt es eine Kurklinik, in der ich mir das Rauchen abgewöhnen kann.

10.8. Am 1. 10.: Sollte es mit der Kur nicht klappen, werde ich einen Termin beim Psychotherapeuten vereinbaren.

11. Selbstkontrolle, -reflexion

11.1. Sind alle Termine im Zeitplanbuch festgehalten?
11.2. Handlungsvorhaben im Wunscherfüllungsplan überprüfen.

12. Habe ich mir meinen Wunsch erfüllt?

Mir ist die Antwort nicht bekannt, doch ich hoffe es sehr, zumal der Schreiber seinen Wunscherfüllungsplan zur Verbesserung des Selbstwertgefühls vernünftig aufgebaut hat.

Beispiel Nr. 4

Ein ideelles Ziel: Eine Seminarteilnehmerin, Frau Leni Lehmann, formulierte nach der Lebensanalyse ihren dringenden Wunsch folgendermaßen:

1. Wunsch

Ich möchte mit meiner Tochter Gabi wieder ein vernünftiges, lebenswertes Verhältnis haben.

2. Mein Ziel

Ich werde bis zum 30. Juni des folgenden Jahres mit Gabi wieder ein Verhältnis ohne Selbstvorwürfe und Schuldgefühle haben.

3. Ist-Zustand

So ist es jetzt: Ich bin traurig, und ich fühle mich immer häufiger ohnmächtig und hilflos, wenn ich an die schlechte Beziehung zu meiner Tochter denke. Seit nunmehr fast 10 Jahren habe ich nichts mehr von ihr gehört, sie nicht gesehen, obwohl ich weiß, wo sie wohnt. Immer öfter mache ich mir Vorwürfe, dass ich Sie förmlich vor die Tür gesetzt habe, doch damals blieb mir nichts anderes übrig. So denke ich noch heute. Doch dann plagen mich wieder Schuldgefühle. Ich rauche dann zu viel, und ich trinke auch zu viel. Ist dieser Anfall von Schuldgefühlen vorbei, kann ich zeitweise wieder ein ganz normales Leben führen. Dann fühle ich mich wohl, es geht mir gut. Doch dann überfällt mich wieder diese Ohnmacht. Ich halte das nicht mehr aus. Ich werde noch wahnsinnig.

4. Vorhandene Mittel:

4.1. Sachliche Mittel:
4.1.1. Das Telefon
4.1.2. Ein Brief
4.2. Menschliche Unterstützung:
4.2.1. Ein Gespräch mit einem Pfarrer
4.2.2. Ein Gespräch mit einem Psychotherapeuten.

5. Soll-Zustand

So stelle ich mir in meinen kühnsten Träumen die Verwirklichung vor: Ich sitze mit Gabi im Garten. Die Sonne scheint, und wir beide lachen und scherzen miteinander. Wir sind ausgelassen fröhlich. Gabis Kinder, Markus, 4 Jahre und Marion, 18 Monate alt, spielen im Gras. Ich fühle mich unbeschwert, leicht und frei. Ich spüre die Wärme der Sonne auf meiner Haut und die Wärme in meinem Herzen. Ich kann Gabi in den Arm nehmen, sie drücken und lieb haben. Ein unbeschreiblich warmes Gefühl durchfließt meinen Körper. Wir trinken Kaffee und essen einen von mir selbst gebackenen Kuchen. Gabi ist voller Lob, er war einmal ihr Lieblingskuchen. Sie erinnert sich gern an ihre Kindheit und erzählt viel davon. Mir wird immer mehr klar, dass ich mir die Rabenmutter nur eingeredet habe. Ich bin glücklich und zufrieden. Ich freue mich so sehr, da ich nun auch meine Enkelkinder sehen und sie in meine Arme schließen kann. Und Markus und Marion sind froh, eine Oma zu haben. Auch der Kontakt zu meinem Schwiegersohn ist angenehm, ja teilweise sogar herzlich. Ich bin rundum zufrieden.

6. Meine Stärken

6.1. Ich bin eine liebevolle Mutter.
6.2. Ich habe Gefühle und kann sie auch zeigen und aussprechen.
6.3. Ich habe das Buch „Gelassenheit finden – erfüllt leben“ gelesen und als es um das Thema Abschied ging, spürte ich tiefe Trauer in mir. Ich bin nun bereit, ein Seminar zu besuchen.

6.4. Ich habe das Geld, ein Seminar oder eine Psychotherapie zu bezahlen.

7. Meine Schwächen

7.1. Ich fühle mich oft schuldig und ohnmächtig. Dann ziehe ich mich in meine kleine Welt zurück. Deswegen werde ich vielleicht gar nichts unternehmen.
7.2. Ich habe Angst vor dem neuen Schritt, ich kneife.
7.3. Ich weiß nicht, wie ich mich meiner Tochter gefühlsmäßig nähern soll.
7.4. Ich habe Angst vor Ablehnung.
7.5. Ich habe Angst, ihren Vorwürfen nicht widerstehen zu können.

8. Fehlende Mittel

Ich denke, keine.

9. Schwächen in Stärken verwandeln

9.1. Ich will die Ursachen herausfinden, warum ich mich so oft schuldig und ohnmächtig fühle.
9.2. Ich besorge mir das Seminar-Jahresprogramm vom Odenwald-Institut.
9.3. Nach dem Seminarbesuch werde ich prüfen, ob ich mich Gabi wieder nähern kann.
9.4. Sollte ich nach dem Seminarbesuch keinen Erfolg haben, werde ich einen Pschotherapeuten/Transaktionsanalytiker aufsuchen.

10. Maßnahmen

Was werde ich wann tun?

10.1. Ich rufe am 11. Okt. um 9.00 Uhr beim Odenwald-Institut an.
10.2. Ich melde mich bis zum 21. Okt. zu einem Seminar an. Anruf morgens um 9.00 Uhr.
10.3. Nach dem Seminar werde ich – bei Bedarf – um noch mehr Selbstsicherheit zu gewinnen, einen Psychotherapeuten aufsuchen.

10.4. In dem Augenblick, wo ich mich stark genug fühle, werde ich einen Brief an Gabi schreiben und sie bitten, sie besuchen zu dürfen. Am 31. Dez. kontrollieren.

11. Selbstkontrolle, -reflexion

11.1. Habe ich am 11. Okt. um 9.00 Uhr angerufen?

11.2. Habe ich mich bis zum 21. Okt. zu einem Seminar angemeldet?

11.3. Termin: 31. Dez.: Fühle ich mich bereits stark genug, mich Gabi zu nähern, ihr zu schreiben?

11.3.1. Wenn ja, Kontaktaufnahme konkret terminieren.

11.3.1. Wenn nein, Überprüfung dieses Zwischenzieles neu terminieren.

12. Wunscherfüllung

Ja! Frau Lehmann hat ihr Ziel erreicht. Sie besuchte im Odenwaldinstitut ein Abschiedsseminar. Nach dem Seminarbesuch ging sie noch sechs Monate lang regelmäßig alle 14 Tage zu einem Transaktionsanalytiker, um sich innerlich zu stabilisieren. Das half ihr, sich Ende April ihrer Tochter offen und ohne Schuldgefühle zu nähern.

Sie schrieb mir zu Weihnachten: „... Sie können sich nicht vorstellen, wie viele Tränen sich in meinem Körper angesammelt hatten, die auch Ursache für verschiedene Krankheiten waren, die ich inzwischen durchleben musste. Vor allem sind dic Verspannungen in meinen Schultern wie vom Erdboden verschwunden und meine Rückenschmerzen gehören auch der Vergangenheit an. Ich war fähig, Gabi Ende April einen Brief zu schreiben. Dabei spürte ich immer noch viel Angst. Doch das Schöne war, wie ich später erfuhr: Gabi empfand ebenso wie ich. Auch sie hatte Angst, sich mir zu nähern. Für sie war es die gleiche Erlösung wie für mich. Nach unserem ersten Treffen Ende Mai bei ihr fühlte ich mich wie ein neugeborener Mensch. Ich habe mir meinen sehnlichsten Wunsch erfüllt und Gabi hat ihn sich indirekt auch erfüllt. Ich bin äußerst glücklich, Ihnen das alles heute schreiben zu können. Auch zu meinem Schwiegersohn und zu meinen beiden Enkelkindern habe ich einen herzlichen Kontakt. …

Auf diesem Wege möchte ich mich bei Ihnen nochmals ganz herzlich bedanken und wünsche Ihnen und Ihrer Familie eine gesegnete Weihnacht. Ihre Leni Lehmann."

Nachwort

Wollen wir uns über die Zeiten beklagen?
Nicht die Zeiten sind gut oder schlecht.
Wie wir sind, so sind auch die Zeiten.
Jeder schafft sich selber seine Zeit!
Lebt er gut, so ist auch die Zeit gut, die ihn umgibt!
Ringen wir mit der Zeit, gestalten wir sie!
Und aus allen Zeiten werden heilige Zeiten.
Augustinus

Wie alt ist dieses Zitat des Augustinus und doch passt es so gut in unsere heutige Zeit. Aber hat sich die Zeit nicht doch verändert? Meine Kindheit und Jugend war geprägt von Mangelerscheinungen. Es gab nicht genug zu essen und zu trinken. Oft fehlte es an einer vernünftigen Unterkunft. Es fehlte an Kleidung, Schuhen, einfach am Nötigsten. Die Grundbedürfnisse wurden während meiner ersten Lebensperiode nur bedingt befriedigt.

Aber aus den Mängeln der Kindheit entwickelt der Erwachsene die Stärken der Zukunft. Erlebte ein Mensch in seiner Kindheit Mangelerscheinungen verschiedener Art, so wird er als Erwachsener alles tun, um diese auszugleichen. Die Mängel in meinem Leben waren in erster Linie Essen und in zweiter Linie meine Kleidung. Ich habe als Erwachsener alles getan, um stets genügend zu essen zu haben und mich gut zu kleiden. Diese Kindheitserlebnisse waren für mich ein unvorstellbarer Motivationsfaktor, beruflich vorwärts zu kommen und mehr Geld zu verdienen. Dabei war es selbstverständlich für mich, Ortswechsel in Kauf zu nehmen. Ich schaute niemals auf die Uhr, um zu wissen, wann Feierabend ist. Der Feierabend begann für mich erst dann, wenn die Arbeit erledigt war. Dabei spielte es keine Rolle, um welchen Wochentag es sich handelte.

Nun leben wir in Deutschland schon über 50 Jahre in Frieden miteinander. Alle Eltern sind von dem Gedanken erfüllt: „Meine Kinder sollen es einmal besser haben als ich." Dieser Wunsch ist legitim, denn wohl kaum jemand war mit seiner Kindheit und

Erziehung rundum zufrieden. Doch auf der anderen Seite hat es sich gezeigt, dass Kinder, die nach 1960 geboren und groß geworden sind, keine materiellen Mangelerscheinungen hatten oder kannten. Ihnen ist dieser natürliche Motivationsfaktor fremd. Diesen Kindern und Heranwachsenden wurden zu viele Wünsche erfüllt, ohne dass sie dafür eine besondere Leistung erbringen mussten. Das meiste war selbstverständlich. Und: „... wurden zu viele Wünsche erfüllt" ist in der deutschen Sprache die Passivform (die Leideform). Anders ausgedrückt: Lernt ein Kind nicht, sich aktiv für die Erfüllung seiner Wünsche zu betätigen, dann wird es ihm im Laufe seines Lebens schwer fallen, eigenständig vorwärts zu streben. Er wird als Heranwachsender und auch als junger Erwachsener lieber weiterhin darauf warten, dass ihm seine Wünsche von den Lippen abgelesen und erfüllt werden, ja der Mensch wird sie sogar einfordern. Wenn es sein muss, sogar gerichtlich.

Wieviele ewige Studenten gibt es in Deutschland, die von zu Hause unterstützt werden?

Wieviele, vor allem männliche Twenties, wohnen noch im „Hotel Mama"?

Und gibt es nicht auch eine Reihe „Arbeitsloser", „Arbeitslosenhilfe-" und „Sozialhilfe-Empfänger", die es zu Hause bequemer und einfacher finden, als einer geregelten Arbeit nachzugehen? Ist es nicht einfacher, Geld vom Staat zu empfangen, als sich selbst etwas aufzubauen, was einem den Lebensunterhalt garantiert?

Auf jede dieser Frage gibt es dieselbe Antwort. Der Mensch hat zu lernen, . . .

1. ... seine Persönlichkeit zu bilden, damit er lernt, *wer* er tatsächlich ist.
2. ... und zu wissen, wie man sich selbst *seine* eigenen Wünsche erfüllt.
3. ... dass der Lebenserfolg von der *eigenen Aktivität* abhängt.
4. ... dass eine Wohlstandsbildung nur *methodisch* durch Fleiß und Ausdauer erreichbar ist.

Alles Liebe und Gute für Ihre Zukunft und weiterhin viel Erfolg bei der Erfüllung Ihrer sehnlichsten Wünsche!

Bodo G. Toelstede

P. S.: Wenn Sie Fragen haben, scheuen Sie sich nicht, mir zu schreiben. Sie dürfen sicher sein, ich antworte.
Postanschrift: Kerkstraat 12, Prince Albert, 6930, Südafrika
E-Mail: toelstede@intekom.co.za

Literaturverzeichnis

Babcock D./Keepers T. D.: Miteinander wachsen, Chr. Kaiser, München, 3. Auflage 1988

Burkett L.: Christ und Geld, Schulte + Gerth, Asslar, 1989

Carse J.: Endliche und unendliche Spiele, Clett-Kotta, Stuttgart, 1987

Engstrom T./Mackenzie A.: Ab heute mehr Zeit, Aussaat Verlag, Wuppertal, 1975

Großmann, G.: Sich selbst rationalisieren, Ratio-Verlag, München, 27. Auflage 1988

Großmann, G.: Die Welt der Könner, Ratio-Verlag, München 1956

Harvey J./Katz C.: Ich habe Erfolg – Ich fühle mich schlecht, mvg-Verlag, Landsberg am Lech, 1988

Mager, R. F.: Lernziele und Unterricht, Beltz-Verlag, Weinheim, 1974

Mager, R. F.: Zielanalyse, Beltz-Verlag, Weinheim, 1973

James M./Jongeward D.: Spontan leben, Rowohlt, Reinbek, 1986

Knoblauch, J.: Lernstress ade! Aussaat Verlag, Wuppertal, 4. Auflage, 1988

Friedrich K./Seiwert L. J.: Das 1 x 1 der Erfolgsstrategie, Gabal, 1992

Rogoll R.: Nimm dich, wie du bist, Herderbücherei, Freiburg, 21. Auflage 1990

Toelstede B. G.: Das Verhandlungskonzept, Beltz-Verlag, Weinheim, 1997

Toelstede B. G./Wallenwein G.: Gelassenheit finden – erfüllt leben, Gütersloher Verlagsanstalt, Gütersloh, 2001

Toelstede B. G.: Transaktionsanalyse für Verkäufer im Außendienst; Erkenne dich selbst – erkenne den Kunden, Max Schimmel Verlag, Würzburg 1994

Toelstede B. G.: dto. jedoch für Verkäufer im Einzelhandel

Toelstede B. G.: Zielwirksam kommunizieren, expert-/Linde-Verlag, Renningen, 2. Auflage 1999

Toelstede B. G./Norbert Dams: Audio-Cassettenprogramm: Werde, der du wirklich bist.

Vester F.: Blick ins Gehirn (VHS-Video), Klett-Verlag, Stuttgart, 1978

Zielstrebige Lebensplanung

Sharon A. Bower/Gordon H. Bower
Vertrauen zu sich selbst gewinnen
Ein Trainingsbuch
Band 5330
Das brauchen Sie zum selbstbewussten Auftreten: die richtige Kommunikation, Körpersprache, Verhandlungsstrategien. Für beruflichen und privaten Erfolg.

Klaus E. Jopp
Finden Sie Ihren Persönlichkeits-Code!
Die eigenen Chancen besser wahrnehmen
Band 5222
Lebensenergie freisetzen, indem wir negativen Selbst- und Fremdurteilen in uns auf die Spur kommen und sie ausschalten.

Verena Kast
Lass dich nicht leben, lebe
Die eigenen Ressourcen schöpferisch nutzen
Band 5314
Authentisch sein: Verena Kast erschließt neue Dimensionen zu diesem Lebensthema.

Jean Monbourquette
Finde deinen Platz im Leben
Der inneren Bestimmung folgen
Band 5298
Mit Übungen und Ritualen kommt der Leser auf die Spur. Einladung zu einem spannenden Abenteuer.

Klaus W. Schneider
Stell dir vor, es geht
Wer positiv denkt, hat mehr vom Leben
Band 5234
Mit unserem Denken machen wir uns das Leben oft unnötig schwer. Durch gezielte Übungen lassen sich positives Denken, Zuversicht und Selbstvertrauen erreichen.

HERDER spektrum